ONDERZOEKSVAARDIGHEDEN
INSTRUCTIE VOOR JURISTEN

ONDERZOEKSVAARDIGHEDEN
INSTRUCTIE VOOR JURISTEN

Ian Curry-Sumner
François Kristen
Tina van der Linden-Smith
Jet Tigchelaar

Departement Rechtsgeleerdheid
Universiteit Utrecht

Nijmegen
Juli 2010

ISBN 978-90-6916-704-6
NUR 824

© 2010 Ars Aequi Libri, Nijmegen.

Alle rechten voorbehouden. Niets uit deze uitgave mag worden verveelvoudigd, opgeslagen in een geautomatiseerd gegevensbestand, of openbaar gemaakt, in enige vorm of op enige wijze, hetzij elektronisch, mechanisch, door fotokopieën, opnamen, of enige andere manier, zonder voorafgaande schriftelijke toestemming van Stichting Ars Aequi Juridische uitgeverij.

Voorzover het maken van reprografische verveelvoudigingen uit deze uitgave is toegestaan op grond van artikel 16b Auteurswet 1912 j° het Besluit van 27 november 2002, *Stb*. 575, dient men de daarvoor wettelijk verschuldigde vergoedingen te voldoen aan de Stichting Reprorecht (Postbus 3060, 2130 KB Hoofddorp).
Voor het overnemen van gedeelte(n) uit deze uitgave in bloemlezingen, readers en andere compilatiewerken (artikel 16 Auteurswet 1912) dient men zich tot de Stichting PRO (Postbus 3060, 2130 KB Hoofddorp) te wenden. Voor het overnemen van een gedeelte van deze uitgave ten behoeve van commerciële doeleinden dient men zich tot de uitgever te wenden.

Hoewel aan de totstandkoming van deze uitgave de uiterste zorg is nagestreefd, kan voor de afwezigheid van eventuele (druk)fouten en onvolledigheden niet worden ingestaan en aanvaarden auteur(s), redacteur(en) en uitgever(s) deswege geen aansprakelijkheid.

Omslagontwerp: Manon Heinsman, Nijmegen
Ontwerp binnenwerk: Nicolette Schuurman, Nijmegen

Voorwoord

Studenten blijken in de fase van het bachelor afstudeerwerk veel problemen te ondervinden bij het formuleren van een onderzoeksvraag, het opzetten en uitvoeren van het onderzoek en het schrijven van een bachelorscriptie. Om die reden is in het departement Rechtsgeleerdheid van de Faculteit Recht, Economie, Bestuur en Organisatie van de Universiteit Utrecht een projectgroep *Onderzoeksvaardigheden* onder leiding van dr. Ian Curry-Sumner aan de slag gegaan. Doelstelling van deze projectgroep is geweest het inventariseren van ervaren knelpunten in (het onderwijs van) onderzoeksvaardigheden van bachelorstudenten rechtsgeleerdheid en het doen van aanbevelingen voor verbetering van die onderzoeksvaardigheden. De projectgroep heeft al snel besloten dat een leidraad voor het verrichten van onderzoek in alle juridische bachelorvakken van de opleiding rechtsgeleerdheid gewenst is. Het voorliggende boek met de instructie onderzoeksvaardigheden voor rechtenstudenten is daarvan het resultaat.

Deze onderzoeksinstructie is tot stand gekomen binnen het verband van de projectgroep *Onderzoeksvaardigheden*. Daarbij is interdisciplinair samengewerkt met het Instituut voor Lerarenopleiding, Onderwijsontwikkeling en Studievaardigheden (IVLOS). De onderzoeksinstructie is voorts tot stand gekomen dankzij de inbreng van vele docenten (ook tijdens de jaarlijkse onderwijsmiddag in 2010) en studenten van het departement Rechtsgeleerdheid van de Universiteit Utrecht. Voor het schrijven van de onderzoeksinstructie kon de projectgroep zich baseren op de rijke ervaringen van andere docenten, neergelegd in de diverse onderzoeksinstructies afkomstig van docenten uit verschillende afdelingen en blijkend uit gesprekken, evaluaties en workshops die met hen zijn gehouden. Conceptversies van de onderzoeksinstructie zijn gebruikt door studenten en de feedback door hen gegeven in evaluaties heeft de projectgroep in staat gesteld het eindresultaat te verbeteren. Speciale dank gaat uit naar de studenten die in het academisch jaar 2008-2009 de vakken *Comparative Human Rights* en afstudeerwerk hebben gevolgd. Zij hebben de projectgroep van uitgebreid commentaar voorzien.

Dit boek is geschreven door dr. Ian Curry-Sumner (Privaatrecht), prof. dr. François Kristen (Strafrecht), dr. Tina van der Linden-Smith (Rechtstheorie) en dr. Jet Tigchelaar (Rechtstheorie). Dr. Aletta Blomberg (Staats- en Bestuursrecht) en dr. Arie Trouwborst (Internationaal en Europees recht) waren in een eerder stadium betrokken bij de totstandkoming van dit boek. Daarnaast hebben drie verschillende studentassistenten geholpen met het eindproduct, namelijk Femke Dijkgraaf, Elbert de Jong en Tom Booms.

De auteurs willen ten slotte hun dank uitspreken aan dr. Hans Sonneveldt (IVLOS), mr. Marian Joseph (onderwijsdirecteur departement Rechtsgeleerdheid en prof. mr. Ige Dekker (hoofd departement Rechtsgeleerdheid) voor hun steun aan dit project. Bovendien wil dr. Ian Curry-Sumner graag zijn dank uitspreken voor de leiders en cursisten van de negende leergang van het Center of Excellence in University Teaching (CEUT) aan de Universiteit Utrecht die hem van zowel informatie als inspiratie hebben voorzien. De auteurs zijn tevens dankbaar voor de inzet van Nicolette Schuurman, Janine van Winden en Manon Heinsman (Ars Aequi Libri). Wij hopen dat zowel studenten als docenten in alle fases van hun studie profijt zullen hebben van deze algemene, uitgebreide instructie onderzoeksvaardigheden voor juristen.

Utrecht
Juli 2010

Gebruikershandleiding

Doel
Deze onderzoeksinstructie beoogt een handleiding te bieden voor het verrichten van wetenschappelijk onderzoek in de rechtenstudie. Daartoe geeft deze onderzoeksinstructie een overzicht van alle vaardigheden die nodig zijn bij het schrijven van een wetenschappelijk onderzoeksverslag. De vorm van het geschreven onderzoeksverslag is in deze instructie niet verder gespecificeerd. Aldus kan de instructie een handleiding bieden voor alle soorten onderzoeksverslagen in een bacheloropleiding rechtsgeleerdheid alsook houvast bieden bij het schrijven van een masterscriptie rechtsgeleerdheid. Het betekent echter wel dat onderdelen van deze instructie niet voor alle opdrachten (even) relevant zijn. Bij het schrijven van bijvoorbeeld een annotatie zal **Fase 1: Onderzoek voorbereiden** nauwelijks aan bod komen, terwijl **Fase 4: Onderzoeksverslag** structureren, **Fase 5: Argumentatie** opbouwen en **Fase 6: Onderzoek rapporteren** nuttige handvatten kunnen bieden.

Opbouw van het boek
Onderzoek doen is geen lineair proces. Er kunnen wel fases in het onderzoeksproces worden onderscheiden, maar in de praktijk van het uitvoeren van onderzoek zijn deze fases niet altijd strikt gescheiden. Bovendien kan het gebeuren dat een onderzoeker in een latere fase moet teruggrijpen op een eerdere fase. Het beschrijven van zo'n onderzoekscyclus is uitermate moeilijk. Dit boek is daarom niet bedoeld als een handboek dat van a tot z gelezen wordt. Om deze redenen is de structuur van het boek zo gekozen dat de verschillende fases in het verrichten van onderzoek eenvoudig zijn te herkennen. Voorts worden voorbeelden, tips, hints en stappenplannen gegeven. Aldus kan de lezer direct naar de voor hem relevante fase gaan en in zijn cyclische proces van het doen van onderzoek teruggrijpen op andere fases.

Het boek bestaat uit vier hoofdstukken. **Hoofdstuk I** bevat informatie over de verschillende soorten rechtswetenschappelijk onderzoek, alsmede een lijst van alle onderzoeksvaardigheden die nodig zijn voor het schrijven van een rechtswetenschappelijk verslag. **Hoofdstuk II** bevat de kern van het boek, namelijk de instructie zelf. Het hoofdstuk is opgesplitst in zes fases. Elke fase kent een eigen kleur die gebruikt wordt door het hele boek.

Fase 1	Onderzoek voorbereiden	Rood
Fase 2	Materiaal verzamelen	Blauw
Fase 3	Materiaal beoordelen	Paars
Fase 4	Onderzoeksverslag structureren	Groen
Fase 5	Argumentatie opbouwen	Oranje
Fase 6	Onderzoek rapporteren	Roze

De criteria waarop onderzoeksverslagen worden beoordeeld zijn in **Hoofdstuk III** opgenomen. Door kruisverwijzingen worden de instructie en de beoordelingscriteria aan elkaar gekoppeld. **Hoofdstuk IV** bevat twee voorbeelden van feedbackformulieren. De verschillende fases en vaardigheden, het proces en de beoordeling zijn nog eens samengevat in een schema dat aan de binnenzijde van de kaft is afgedrukt.

Gebruik van het boek
Het voornaamste doel van deze instructie is om een leidraad te bieden voor studenten die een onderzoeksverslag moeten schrijven. Deze instructie kan echter op andere wijzen ook door docenten worden toegepast in het onderwijs. De tekst kan bijvoorbeeld fungeren als een richtsnoer voor de herkenning en toetsing van onderzoeksvragen en deelvragen door studenten. Andere mogelijkheden zijn:
- Studenten kunnen worden gevraagd om een artikel te bestuderen en de onderzoeksvraag en bijhorende deelvragen uit het artikel te analyseren aan de hand van de instructie.
- Studenten kunnen het werk van een medestudent beoordelen (peer review) met gebruik van de instructie, de beoordelingscriteria en de feedback formulieren.
- Studenten kunnen de instructie gebruiken om te oefenen met het formuleren van onderzoeksvragen en deelvragen, zonder deze verder uit te werken.
- De instructie kan door docenten worden gebruikt om gerichte feedback te geven.

Uit de evaluatie van de conceptversie van deze instructie blijkt dat studenten meer profijt hebben van deze instructie, als docenten het boek actief gebruiken. Als docenten gedurende een cursus regelmatig

verwijzen naar de instructie (zowel ten behoeve van uitleg als ten tijde van feedback momenten), dan maken studenten er meer gebruik van.
Bovenstaande mogelijkheden zijn slechts suggesties. Wij zijn benieuwd naar de ervaringen van zowel docenten als studenten met het gebruik van het boek. Mocht u een nieuwe inventieve manier hebben gevonden om de instructie te gebruiken of anderszins suggesties tot verbetering hebben, neemt u dan gaarne contact op met één van de auteurs.

Veel lees- en schrijfplezier!

Inhoudsopgave

Voorwoord V
Gebruikershandleiding VII

HOOFDSTUK I: RECHTSWETENSCHAPPELIJK ONDERZOEK 1

1. Recht en maatschappij en de veelheid van onderwerpen 3
2. Verschillende soorten rechtswetenschappelijk onderzoek 3
   2.1 Praktijkgericht onderzoek 4
   2.2 Rechtsvergelijkend onderzoek 5
   2.3 Rechtspolitiek onderzoek 5
   2.4 Rechtsfilosofisch onderzoek 6
   2.5 Rechtshistorisch onderzoek 6
   2.6 Rechtssociologisch onderzoek 6
3. Rechtswetenschappelijke onderzoeksvaardigheden 7
4. Lijst van onderzoeksvaardigheden 8

HOOFDSTUK II: ONDERZOEKSINSTRUCTIE 11

Fase 1: Onderzoek voorbereiden 13
1. Inleiding 13
2. Onderwerp vinden 14
3. Onderwerp en afbakening 15
4. Van onderwerp naar onderzoeksvraag 16
5. Soorten onderzoeksvragen 18
   5.1 Beschrijvende vragen 18
   5.2 Vergelijkende vragen 18
   5.3 Evaluerende vragen 18
   5.4 Verklarende vragen 18
   5.5 Ontwerpvragen 18
   5.6 Voorspellende vragen 19
6. Eisen aan een onderzoeksvraag 19
7. Selecterende werking van een onderzoeksvraag 20
8. Deelvragen 20
   8.1 Doel van deelvragen 20
   8.2 Voorbeelden van mogelijke bijbehorende deelvragen 21
9. Methode van onderzoek 22
10. Planmatige stappen 23
    10.1 Voorlopige inhoudsopgave 23
    10.2 Tijdsplan 24
    10.3 Onderzoeksplan 24
11. Model voor onderzoeksplan 25

Fase 2: Materiaal verzamelen 26
1. Inleiding 26
2. Verschillende soorten bronnen 26
3. Zoekplan, zoektermen en zoekstrategie 27
4. Aanvang van het daadwerkelijke bronnenonderzoek 29

Fase 3: Materiaal beoordelen 30
1. Selecteren van bruikbare bronnen 30
2. Gezaghebbendheid van de bronnen 30
3. Rechtswetenschappelijk en ander wetenschappelijk onderzoek 30
4. Leesadviezen 31

Fase 4: Onderzoeksverslag structureren   33
1. De structuur van een onderzoeksverslag   33
2. Inleiding   33
   2.1 'Waarom': aanleiding en context   33
   2.2 'Wat': onderzoeksvraag en deelvragen   33
   2.3 'Hoe': structuur en methodologie   34
3. Middenstuk   35
4. Afsluiting   36

Fase 5: Argumentatie opbouwen   37
1. Inleiding   37
2. Analyseren van argumenten   37
   2.1 Voldoende argumentatie   38
   2.2 Relevante argumentatie   38
   2.3 Overtuigende argumentatie   38
   2.4 Drogredenen   39
   2.5 Autoriteitsargumenten   39
3. Structureren van argumenten   40
4. Eigen inbreng en informatie van anderen   41

Fase 6: Onderzoek rapporteren   42
1. Inleiding   42
2. Publiekskenmerken   42
3. Mondeling presenteren   43
4. Schriftelijk presenteren   44
   4.1 Inleiding   44
   4.2 Inhoud   45
   4.3 Vorm en lay-out   46
   4.4 Taal en stijl   48
   4.5 Herlezen   48
5. Bronvermelding   48
   5.1 Waarom moeten bronnen worden vermeld?   48
   5.2 Parafraseren   48
   5.3 Samenvatten   48
   5.4 Citeren   49
   5.5 Citeerwijze   49
   5.6 Literatuurlijst   50
6. Plagiaat   50
7. Zelfreflectie   51

HOOFDSTUK III: BEOORDELING   53

1. Inleiding   55
2. De onderzoeksvraag (fase 1)   55
   2.1 Expliciet   55
   2.2 Precies   55
   2.3 Afgebakend   56
   2.4 Haalbaar   56
   2.5 Verankerd   56
   2.6 Relevant en origineel   56
   2.7 Functioneel   57
3. Vakinhoud (fase 3)   57
4. Inhoudelijke ordening (fase 4)   57
   4.1 Inleiding   58
   4.2 Middenstuk   58
   4.3 Afsluiting   58

INHOUDSOPGAVE

5. Argumentatie (fase 5)	58
5.1 Logisch	59
5.2 Controleerbaa	59
5.3 Valide	59
5.4 Betrouwbaar	59
5.5 Adequaat	59
6. Stijl (fase 6)	59
6.1 Objectief	59
6.2 Precies	59
6.3 Logisch	59
6.4 Zorgvuldig	60
6.5 Helder	60
7. Vormgeving (fase 6)	60

HOOFDSTUK IV: FEEDBACK   61

1. Belang van feedback	63
2. Verschillen bachelor afstudeerwerk en masterscriptie	63
3. Eisen met betrekking tot de onderzoeksvraag	64
4. Eisen met betrekking tot vakinhoudelijke kennis	65
5. Eisen met betrekking tot zelfstandigheid	65
6. Standaard beoordelingsformulier	66
7. Uitgebreid beoordelingsformulier	67

HOOFDSTUK I
RECHTSWETENSCHAPPELIJK ONDERZOEK

Hoofdstuk I
Rechtswetenschappelijk onderzoek

1. Recht en maatschappij en de veelheid van onderwerpen

Het gehele maatschappelijke leven is in het recht terug te vinden. Het recht staat niet op zichzelf, maar is nauw verbonden met de maatschappij. Bij rechtswetenschappelijk onderzoek kan dan ook het maatschappelijk veld waarop dat onderzoek betrekking heeft, niet goed worden weggedacht (*Vaardigheid 1.16: Maatschappelijke relevantie van onderzoek kunnen aantonen*). Aan de hand van het voorbeeld van een verkeersongeval illustreren wij de verbondenheid van recht en maatschappij alsook de verschillende soorten onderwerpen die hierin besloten liggen.

> Stel dat een automobilist een verkeersregel overtreedt en daardoor een fietser aanrijdt. De fietser raakt gewond en zijn fiets wordt beschadigd. Voor de fietser kan een dergelijk ongeval een traumatische ervaring zijn. De gebeurtenis zelf is al ingrijpend. Hij kan er bijvoorbeeld lichamelijk letsel aan overhouden en immateriële schade lijden. Dit alles is het resultaat van het niet naleven van een verkeersregel, een regel die de wetgever heeft geformuleerd voor een ordelijk en veilig verkeer op de openbare weg. De naleving van verkeersregels dient derhalve de maatschappij. Verkeersregels zijn te vinden in de Wegenverkeerswet 1994 en het Reglement verkeersregels en verkeerstekens 1990.
> Om de naleving van deze verkeersregels kracht bij te zetten, is voorzien in handhaving via het bestuursrecht (bijv. boetes – de bekende acceptgiro's van het Centraal Justitieel Incassobureau) en via het strafrecht (bijv. ontzegging van de rijbevoegdheid en/of oplegging gevangenisstraf). Aan beide handhavingsregimes is een veelheid van onderwerpen verbonden, zoals de mogelijkheid van beroep tegen een verkeersboete of de voorwaarden waaronder een ontzegging van de rijbevoegdheid kan worden opgelegd.
> De automobilist heeft met zijn gedraging ook een privaatrechtelijke onrechtmatige daad jegens de fietser gepleegd, die grondslag biedt voor het betalen van schadevergoeding aan de fietser. Hier gaat het om privaatrechtelijke aansprakelijkheidsvragen bij ongelukken. Die zijn weer ingevuld in de rechtspraak van vooral de Hoge Raad. Zo heeft dit hoogste rechtscollege bepaald dat wanneer een automobilist een volwassen fietser, die een kwetsbare verkeersdeelnemer is, aanrijdt, de automobilist in elk geval minimaal 50% van de schade van de fietser moet betalen.
> Welke voorschriften, handhavingsregimes en aansprakelijkheden van toepassing zijn, is altijd gebonden aan een feitelijke situatie. Gaat het om mensen op straat, lopend, op een fiets, in een auto? Wie doet wat in het verkeer? Welke gevolgen vloeien daar uit voort? Etc..

Het voorgaande maakt duidelijk dat rechtswetenschappelijk onderzoek een groot scala aan onderwerpen kan betreffen. Elk maatschappelijk vraagstuk kent wel een juridische component.

2. Verschillende soorten rechtswetenschappelijk onderzoek

Het is belangrijk te beseffen dat er verschillende soorten rechtswetenschappelijk onderzoek zijn. Onderscheid kan worden gemaakt tussen juridisch en rechtstheoretisch onderzoek. Wat *juridisch* onderzoek kan inhouden, valt niet zo eenvoudig aan te geven. In het algemeen wordt gezegd dat het juridisch onderzoek tot doel heeft een bijdrage te leveren aan de kennis over het geldende recht. Er zijn veel verschillende soorten juridisch onderzoek. Die verschillende soorten worden bepaald door een combinatie van diverse variabele factoren: het onderwerp dat wordt onderzocht, de doelstelling(en) van het onderzoek, de soort onderzoeksvraag of onderzoeksvragen, de doelgroep oftewel lezers van het onderzoek en de vorm waarin onderzoeksresultaten worden gepubliceerd. We onderscheiden in dit hoofdstuk meer of minder praktijkgericht juridisch onderzoek. Daarbinnen zijn er ook varianten mogelijk, waarvan wij hier het rechtsvergelijkend onderzoek noemen. Als een onderzoeker een normatieve stelling neemt ten aanzien van de wenselijke ontwikkeling van het recht, kan er sprake zijn van rechtspolitiek onderzoek.

Ondanks de grote variëteit aan juridisch onderzoek, heeft kwalitatief goed juridisch onderzoek één belangrijk kenmerk, te weten dat het berust op een deugdelijke argumentatie, waarbij de argumenten worden gevonden door analyse van rechtsbronnen (verdragen, wetgeving, jurisprudentie) en juridisch relevante bronnen (zoals parlementaire stukken en rechtswetenschappelijke literatuur). Daarbij leidt het beargumenteerde betoog tot een uitkomst die een bijdrage levert aan bestaande juridische kennis over een bepaald onderwerp. Goed juridisch onderzoek beoogt nieuwe inzichten, ideeën, argumenten en/of gezichtspunten aan te dragen. Daarmee kunnen oplossingen voor problemen worden gevonden, kunnen bestaande analyses van problemen, leerstukken of rechterlijke uitspraken worden verdiept, kan worden bijgedragen aan het ophelderen van vraagpunten etc. (*Vaardigheid 1.17: Wetenschappelijke relevantie van onderzoek kunnen aantonen*). Dit alles is van grote betekenis voor de rechtsontwikkeling en het functioneren van het recht in en voor de maatschappij.

Naast juridisch onderzoek dat binnen het geldend recht argumenteert, is er ook rechtstheoretisch onderzoek dat niet (strikt) juridisch is, omdat het juist afstand neemt van het geldend recht en vanuit een soort 'extern' of buitenstaanders-perspectief naar (verschijnselen van) recht kijkt. Hier kunnen drie rechtstheoretische perspectieven worden onderscheiden, namelijk rechtshistorisch, rechtsfilosofisch en rechtssociologisch onderzoek.

Deze soorten onderzoek kunnen echter ook samenkomen in één rechtswetenschappelijk onderzoeksproject. Verschillende combinaties zijn mogelijk, zoals een praktijkgericht onderzoek dat daarnaast ook een rechtsvergelijkend onderzoek omvat. Voorts is denkbaar dat er rechtshistorische, rechtssociologische en rechtspolitieke elementen in één onderzoek samenkomen. Zo kan een rechtshistorisch onderzoek naar het verbod om een godsdienstige huwelijksplechtigheid te laten plaatsvinden voorafgaand aan een burgerlijk huwelijk, gecombineerd met een rechtssociologisch onderzoek naar de percepties van diverse religieuzen ertoe leiden dat de onderzoeker argumenten vindt voor opheffing van het wettelijk verbod.

2.1 Praktijkgericht onderzoek
Veel juridisch onderzoek is gericht op het inventariseren, analyseren en verklaren van het geldend recht in een bepaalde categorie van gevallen. Dergelijk onderzoek is direct praktijkgericht als het doel is een antwoord te geven op een concrete juridische vraag die is opgekomen in een geval dat zich in de praktijk voordoet of zich voor heeft gedaan. Het beoogde antwoord moet voorzien in een juridische oplossing voor de kwestie waar de vraag betrekking op heeft. Het gaat daarbij om vragen als: Welke rechtsregel is hier van toepassing? Valt een bepaalde feitelijke situatie onder een wettelijke regeling? Wat betekent een specifiek voorschrift in casu? Bijvoorbeeld:

> Onder welke omstandigheden kan een automobilist bij het veroorzaken van een ongeval met een fietser voor meer dan 50% van de schade aansprakelijk zijn?
> In hoeverre is de gemeente Amsterdam bij de aanbesteding van de aanschaf van 100 nieuwe tramstellen gebonden aan de Europese aanbestedingsrichtlijn?

Praktijkgericht onderzoek kan ook over een minder concrete vraag gaan en betrekking hebben op het analyseren van en het betekenis geven aan bepaalde ontwikkelingen in het recht. Dergelijk onderzoek

HOOFDSTUK I RECHTSWETENSCHAPPELIJK ONDERZOEK

kan meer doelen dienen. Het kan ertoe strekken na te gaan of zich een bepaalde ontwikkeling voordoet, in welke richting die ontwikkeling zich naar verwachting zal voortzetten, wat dat kan betekenen voor een bepaalde praktijk of situatie en/of wat de gevolgen zijn van een bepaalde ontwikkeling. Bij dergelijk praktijkgericht onderzoek kan worden gedacht aan onderzoeksvragen als:

> Welke ontwikkelingen zijn zichtbaar in de rechtspraak van het Europees Hof voor de Rechten van de Mens over het zwijgrecht van een verdachte in strafzaken en wat betekent dat voor de Nederlandse strafrechtspleging?
> In welke gevallen heeft de burgerlijke rechter in een civiele dagvaardingsprocedure de bewijslast omgekeerd en waarom?

Naarmate het doel minder direct op de relevantie voor de (rechts)praktijk is gericht, kan het onderzoek theoretischer worden.

2.2 Rechtsvergelijkend onderzoek

Mede ten gevolge van de mondialisering van de samenleving en het voortschrijdende proces van Europese eenwording krijgt rechtsvergelijking steeds meer aandacht. Rechtsvergelijkend onderzoek kan veel verschillende doelen proberen te realiseren. Met rechtsvergelijkend onderzoek wordt onder meer gepoogd ideeën op te doen voor het oplossen van bepaalde juridische problemen die in het eigen (of onderzochte) land bestaan. Wellicht heeft men elders voor hetzelfde of een vergelijkbaar probleem al een mooie oplossing gevonden. Daar kan je dan iets van leren. Het recht van een ander land dient dan als inspiratie voor mogelijke oplossingen voor een bepaald juridisch probleem. Binnen de Europese Unie (EU) kan een tendens worden waargenomen om rechtsregels van verschillende lidstaten op elkaar af te stemmen. Vaak gaat het dan om harmonisatie van wetgeving. Daarvan is meestal het doel te realiseren dat er binnen de EU één, minimaal vergelijkbaar, regelgevingskader geldt. Het resultaat moet dan zijn dat iedereen op wie de desbetreffende regelgeving toepasselijk is in verschillende EU-lidstaten vergelijkbare rechten en plichten heeft. Hier kan worden gedacht aan voorschriften inzake de regulering van de handel of de regelgeving om het witwassen van door misdaad verkregen geld tegen te gaan. Wil deze harmonisatie van regels succesvol zijn, dan verdient het aanbeveling te weten hoe de voorschriften van verschillende landen er uit zien, wat zij inhouden en liefst ook nog hoe zij werken. Dat verlangt een rechtsvergelijkende analyse.

> Hoe wordt omgegaan met de erkenning van in het buitenland gesloten polygame huwelijken in België, Engeland en Nederland?
> Is het wenselijk en/of haalbaar om het recht binnen de EU met betrekking tot boetebedingen te harmoniseren?

2.3 Rechtspolitiek onderzoek

Het is niet ongewoon dat juridisch onderzoek niet alleen is gericht op het beschrijven van het geldende recht, maar ook wordt aangewend voor het aandragen van oplossingen voor juridische, politieke of bestuurlijke problemen. We geven een voorbeeld.

Naar aanleiding van desastreuze ongelukken waaraan ambtenaren of overheden door hun optreden (of juist niet-optreden) hebben bijgedragen (denk aan de vuurwerkramp te Enschede) is de vraag gerezen of een overheidslichaam, zoals een gemeente, strafrechtelijk aansprakelijk moet kunnen worden gesteld. De beantwoording van die vraag heeft politieke en juridische aspecten. De juridische aspecten hebben betrekking op het *mogen*:

> Mag naar Nederlands recht een overheidslichaam strafrechtelijk worden vervolgd en eventueel gestraft? Zo ja, onder welke voorwaarden?

Ook het tegendeel is voorstelbaar: Welke juridische argumenten pleiten juist tegen strafbaarheid van overheidslichamen? De politieke aspecten bij een dergelijk onderzoek hebben betrekking op het *wensen*:

> Vinden regering en parlement het wenselijk dat overheidslichamen strafrechtelijk kunnen worden vervolgd en eventueel gestraft?

Het is niet ongebruikelijk dat de beantwoording van de juridische vraag mede afhankelijk is van de politieke opvatting van de jurist die haar beantwoordt. Recht en politiek lopen vaak enigszins door elkaar.

2.4 Rechtsfilosofisch onderzoek
Rechtsfilosofie stelt filosofische vragen over het recht. Dit kunnen analytische vragen zijn of normatieve vragen. Denk daarbij maar aan vragen als:

> Hoe kunnen sociale mensenrechten worden gerechtvaardigd?
> Waarom zijn burgers aan rechtsregels gebonden?

Deze voorbeeldvragen maken duidelijk dat een rechtsfilosofisch onderzoek dikwijls ter discussie stelt waarom een bepaalde regel bestaat, welke betekenis kan worden toegekend aan een bepaalde rechtsfiguur of juridische situatie dan wel in welke richting bijvoorbeeld een rechtsregel of voorschrift zich zou kunnen en moeten ontwikkelen. Rechtsfilosofisch onderzoek gebruikt andere argumenten dan strikt juridische argumenten, zoals argumenten ontleend aan de ethiek, logica, taalfilosofie etc.

2.5 Rechtshistorisch onderzoek
Soms gaat het niet om het onderzoeken van het geldende recht, maar om het onderzoeken van oud recht. Zo bestaan er al heel lang waterschapskeuren (dat wil zeggen verordeningen) in Nederland. Een rechtshistorische vraag zou bijvoorbeeld kunnen zijn:

> Hoe werd volgens de Stichtse waterschapskeuren uit de 16e eeuw de heffing van belastingen om het waterbeheer te bekostigen gereglementeerd?

Doel van een rechtshistorische vraagstelling kan zijn om de juridische kennis over het functioneren van een rechtsregel, een instituut e.d. door de tijd heen te vergroten. Maar het kan ook zijn dat gezocht wordt naar een inspiratiebron voor oplossingen van huidige problemen of rechtsvragen. Een rechtshistorisch onderzoek kan bijvoorbeeld argumenten geven of ontwikkelingen blootleggen die behulpzaam kunnen zijn voor de beoordeling van geldende rechtsregels. Zo kan bijvoorbeeld voor de vraag of artikel 1:68 BW in onze tijd dient te worden gehandhaafd, de onderzoeksvraag worden gesteld:

> Waarom is de regel ingevoerd dat er geen godsdienstige huwelijksplechtigheden mogen plaatsvinden voordat een burgerlijk huwelijk is gesloten?

2.6 Rechtssociologisch onderzoek
Veel rechtssociologisch onderzoek staat in het teken van het verschil tussen het recht 'in de boeken' en het recht 'in de praktijk'. Discriminatie bijvoorbeeld is wettelijk verboden; vormen van discriminatie vallen zelfs onder de strafwet. Desondanks vindt nog veel discriminatie plaats, terwijl er relatief weinig rechtszaken over worden gevoerd. Een rechtssociologische vraag zou dus kunnen zijn:

> Welke factoren beïnvloeden de werking van anti-discriminatiewetgeving?

Weten mensen niet precies hoe de regels in elkaar steken? Durven slachtoffers niet te klagen omdat (bijvoorbeeld) hun baan op het spel komt te staan? Zijn er niet genoeg advocaten die zich op dit terrein richten? Waarom worden niet vaker gevallen van discriminatie opgespoord en vervolgd? Dat kan je onderzoeken met interviews en enquêtes.

Hoofdstuk I Rechtswetenschappelijk onderzoek

Ander rechtssociologisch onderzoek richt zich op de invloed van bredere maatschappelijke ontwikkelingen op het recht. Tegenwoordig is er bijvoorbeeld, in wetgeving en beleid, veel aandacht voor 'veiligheid'. Denk aan cameratoezicht, preventief fouilleren enzovoort. Feitelijk gezien is de Nederlandse samenleving, in vergelijking met vroeger, behoorlijk veilig. Hoe kan het dan dat het toch zo'n issue is geworden? Een begin van een antwoord op zo'n vraag kan worden verkregen door een literatuurstudie over veranderingen in de samenleving die kennelijk doorwerken in het recht.

Een derde type rechtssociologisch onderzoek is dat naar multiculturaliteit en rechtspluralisme. Door globalisering is de culturele en religieuze samenstelling van de bevolking in Nederland veranderd. Dat brengt met zich dat ook de oriëntatie op verschillende waarden- en rechtssystemen uiteen is gaan lopen. We realiseren ons dat niet alleen de bijbel en het Nederlandse recht bronnen van normen en waarden zijn, maar ook de islam, het joodse recht enzovoort. Hoe gaan mensen in de praktijk met die verschillende oriëntaties om? Wat doen advocaten als ze een rechtszaak hebben waarin ze zien dat waardesystemen botsen en hoe gaan rechters daarmee om? Dit soort vragen kan worden beantwoord door observaties te doen, interviews af te nemen en dossiers te onderzoeken.

Uit deze voorbeelden van soorten rechtssociologisch onderzoek blijkt dat het (deels) andere methoden gebruikt dan juridisch onderzoek. Hier zijn empirische methoden, zoals interviews, observaties etc., meer gangbaar (zie **Fase I: Onderzoek voorbereiden,** §9 Methode van onderzoek).

3. Rechtswetenschappelijke onderzoeksvaardigheden

Uit het voorgaande kan worden opgemaakt dat rechtswetenschappelijk onderzoek wel alleen maar beschrijvend kan zijn, maar dat in heel veel gevallen toch ook vanuit normatieve uitgangspunten de betekenis van het gevonden en beschreven recht met het oog op een bepaald doel wordt ingevuld. (*Vaardigheid 1.6: Kunnen onderscheiden tussen formuleren van een onderzoeksvraag en doelstelling*). Ongeacht de wijze waarop en met welk doel je rechtswetenschappelijk onderzoek wilt uitvoeren, moet je over bepaalde vaardigheden beschikken om een goed onderzoek te kunnen uitvoeren. Wij belichten in dit boek vaardigheden die van belang zijn voor een (aankomend) juridisch onderzoeker. Wij hebben geprobeerd om de meest essentiële vaardigheden voor het doen van goed rechtswetenschappelijk onderzoek op een rijtje te zetten.

Op de volgende pagina's tref je een lijst van inzichten en onderzoeksvaardigheden aan die je nodig hebt om een rechtswetenschappelijk stuk te kunnen schrijven. Het onderzoeksproces is een cyclisch proces, waardoor je vaak twee stappen vooruit en één stap terug moet maken om echt vooruitgang te boeken. In **Hoofdstuk II: Onderzoeksinstructie** van dit boek wordt uitgelegd hoe je deze vaardigheden het beste kunt toepassen.

4. Lijst van onderzoeksvaardigheden

FASE 1: ONDERZOEK VOORBEREIDEN

Fase 1a: Kennismaken met onderwerp

1.1 Voorbereiden van een keuze voor een onderwerp
1.2 Verschil weten tussen een onderwerp hebben en het formuleren van een onderzoeksvraag
1.3 Methoden kunnen hanteren om van onderwerp tot onderzoeksvraag te komen
1.4 Besef hebben van de selecterende werking van een onderzoeksvraag
1.5 Weten welke verschillende soorten onderzoeksvragen er zijn, kunnen kiezen welke het meest adequaat is voor het eigen onderzoek
1.6 Kunnen onderscheiden tussen formuleren van onderzoeksvraag en doelstelling
1.7 Vaststellen of onderzoeksvraag haalbaar is gezien beperkingen
1.8 Onderwerp kunnen afbakenen
1.9 Operationaliseren van de onderzoeksvraag
1.10 Beschikken over/activeren van nodige kennis om onderzoek uit te voeren

Fase 1b: Formuleren van deelvragen

1.11 (Functioneel) formuleren van deelvragen
1.12 Deelvragen logisch kunnen opbouwen
1.13 Uitsplitsen van verschillende delen van vragen
1.14 Onderzoeksplan uitstippelen / onderzoeksopzet ontwerpen
1.15 Van een onderzoeksvraag een hoofdstuk en paragraafindeling kunnen maken

Fase 1c: Verantwoorden van onderzoek/bronnen

1.16 Maatschappelijke relevantie van onderzoek kunnen aantonen
1.17 Wetenschappelijke relevantie van onderzoek kunnen aantonen
1.18 Gekozen methoden kunnen verantwoorden

FASE 2: MATERIAAL VERZAMELEN

2.1 Vaststellen van de verschillende soorten bronnen
2.2 Zoekplan maken
2.3 Vaststellen van zoektermen en zoekstrategie
2.4 Eventueel opstellen van interviewvragenlijst
2.5 Vinden van bronnen op verschillende niveau's
2.6 Opslaan en maken van registers van bronnen

FASE 3: MATERIAAL BEOORDELEN

3.1 Identificeren van de bronnen die kunnen worden gebruikt
3.2 Inzicht hebben in het wetenschappelijke karakter, de kwaliteit en de betrouwbaarheid van een tekst
3.3 Verschil weten tussen rechtswetenschappelijk en ander wetenschappelijk onderzoek
3.4 Algemene juridische bronnen kunnen beoordelen
3.5 Elektronische juridische bronnen kunnen beoordelen

HOOFDSTUK I RECHTSWETENSCHAPPELIJK ONDERZOEK

FASE 4: ONDERZOEKSVERSLAG STRUCTUREREN

4.1 Inzicht hebben in de functie van een inleiding
4.2 Maken van een inleiding
4.3 Inzicht hebben in de functie van een middenstuk
4.4 Maken van een middenstuk
4.5 Inzicht hebben in de functie van een afsluiting
4.6 Maken van een afsluiting

FASE 5: ARGUMENTATIE OPBOUWEN

5.1 Koppeling maken met de onderzoeksvraag
5.2 Identificeren van argumenten voor en tegen bepaalde standpunten
5.3 Analyseren en afwegen van argumenten
5.4 Structureren van argumenten naar betekenis en prioriteiten

FASE 6: ONDERZOEK RAPPORTEREN

Fase 6a: Presenteren van onderzoek
6.1 Besef van invloed van doelgroep op vorm van onderzoeksverslag

Fase 6b: Mondeling presenteren
6.2 Hulpmiddelen kunnen gebruiken (zoals gebruik van presentatiesoftware)
6.3 Aandachtspunten: oogcontact, stemgebruik, gebaren, houding etc.
6.4 Presentatie oefenen

Fase 6c: Schriftelijk presenteren
6.5 *Vorm:* Besef van verschillende vormen van schriftelijk presenteren
6.6 *Inhoud:* Informatief, argumentatief juist, consistent etc.
6.7 *Stijl:* Correct en zorgvuldig taalgebruik, goed geschreven
6.8 *Lay-out:* Kopteksten, lettertype etc.
6.9 *Bronvermelding:* Correct, volledig, geen plagiaat etc.
6.10 *Herlezen:* Eigen tekst nalezen op bovenstaande punten

Fase 6d: Reflectie
6.11 Kunnen reflecteren op het onderzoeksproces en verbeteringen voorstellen voor de volgende keer

HOOFDSTUK II
ONDERZOEKSINSTRUCTIE

HOOFDSTUK II
ONDERZOEKSINSTRUCTIE

FASE 1: ONDERZOEK VOORBEREIDEN

1. Inleiding

De eerste fase van een onderzoek, het voorbereiden ervan, is een heel belangrijke fase. Het spreekwoord 'een goed begin is het halve werk' gaat zeker op voor het doen van onderzoek: een goede voorbereiding is het halve werk. Het voorbereiden van een onderzoek is vaak een moeilijke fase; je zult het onderzoeksplan moeten opstellen dat als houvast dient voor het vervolg. Ook moet je een keuze maken voor een onderwerp. Kies daarbij zo veel mogelijk voor een onderwerp dat je 'raakt', dat wil zeggen, dat je interesseert, waarover je meer wilt weten, of waarover je een bijdrage aan de rechtswetenschap denkt te kunnen leveren. Zie verder §2.

Voor elk onderzoek moet een goede onderzoeksvraag worden geformuleerd: Wat wil je precies onderzoeken, hoe wil je dat doen en waarom? Dit is het proces waarbij je van onderwerp naar onderzoeksvraag moet gaan, waarbij die onderzoeksvraag verschillende verschijningsvormen kan hebben en waaraan bepaalde eisen worden gesteld (zie §§2-6). Wij merken hier reeds op dat het formuleren van een goede onderzoeksvraag niet gemakkelijk is. Maar wees er op bedacht dat een goede onderzoeksvraag ook een selecterende werking heeft; hij bepaalt wat je wel en niet moet of hoeft te doen. Het bespaart je derhalve ook tijd (§7). Voor het uitvoeren van het onderzoek dient, als het goed is, de onderzoeksvraag verder te worden uitgewerkt in een aantal deelvragen (zie §8). Je moet ook de relevantie (zowel maatschappelijk als wetenschappelijk) van het onderzoek kunnen aangeven. Vervolgens geef je aan hoe je een antwoord op je onderzoeksvraag gaat vinden. Dit is de vraag naar de methoden van onderzoek (zie verder §9).

Uiteraard is het belangrijk dat je de randvoorwaarden in de gaten houdt. Voorbeelden van dergelijke randvoorwaarden zijn: Wat is de maximale omvang van het onderzoeksverslag, welke verdere eisen worden eraan gesteld, wanneer moet het verslag klaar zijn en wanneer kan jij aan het onderzoeksverslag werken gegeven andere verplichtingen? Ten slotte is het aan te bevelen om vast te stellen voor wie je het onderzoek verricht en wie jouw onderzoeksverslag gaat lezen. Anders gezegd: wat is de doelgroep van jouw onderzoeksverslag. Is dat bijvoorbeeld een advocaat voor wie je een praktijkgericht onderzoek uitvoert, of is dat een filosofisch ingesteld lezerspubliek aan wie je de resultaten van een rechtsfilosofisch onderzoek wilt presenteren in het onderzoeksverslag? Dit is van invloed op de inrichting van het onderzoek en het uiteindelijke onderzoeksverslag.

Aan de voorbereiding van het onderzoek moet je voldoende tijd besteden. Als vuistregel kun je er van uitgaan dat je zeker 30% van je tijd moet besteden aan deze fase. Heb je dus bijvoorbeeld zes weken de tijd voor een onderzoek, dan kun je gerust twee weken besteden aan een goede voorbereiding. Als je deze fase goed doet en aan het eind een werkbaar onderzoeksplan hebt, dan heb je eigenlijk het moeilijkste deel van het onderzoek achter de rug: je hoeft het dan 'alleen nog maar' uit te voeren. Maak je dus ook nog niet al te veel zorgen als je in deze fase weinig voortgang lijkt te boeken: al het verkennende werk, al het 'zwemmen', gebeurt, als het goed is, hier. In deze fase loont het vaak om verschillende bronnen te raadplegen – ook, en misschien juist wel, de niet zo voor de hand liggende bronnen – om te kijken of zij nieuwe invalshoeken op het thema werpen, jou nieuwe informatie geven over het thema en/of gelegenheid geven om je eigen gedachten aan te scherpen. Het is in deze fase niet erg op deze manier te 'grasduinen' en stukken te lezen waar je op dat moment niets aan hebt. Houd wel altijd het einddoel van deze fase (én de tijd) voor ogen: een werkbaar onderzoeksplan.

Hoewel hierna zo goed mogelijk wordt geprobeerd aan te geven hoe de eerste fase van onderzoek zou moeten verlopen, bestaat er geen vast stramien, is er geen concreet stappenplan dat gegarandeerd tot resultaat leidt. De keuze van een onderwerp en met name de stap van onderwerp naar onderzoeksvraag, is een subjectief èn creatief proces en daarmee ook iets heel persoonlijks. Het voorbereiden van een onderzoek is ook een proces dat niet meteen tot een definitief onderzoeksplan leidt. Vaak moet je het onderzoeksplan nog eens aanpassen omdat je bijvoorbeeld nieuwe literatuur vindt of omdat je nog eens kritisch reflecteert op het onderzoeksplan. Het is niet ongewoon dat je de onderzoeksvraag meermalen bijstelt, paragrafen in je onderzoeksplan verschuift, hoofdstukken nieuwe titels geeft etc. Feedback is daarom cruciaal – van je docent, van mede-studenten/collega-onderzoekers, en vooral ook van jezelf. Denk voortdurend na over waar je mee bezig bent, waarom je het zo doet, hoe je valkuilen kunt vermijden, en wat je ervan leert. Het gaat er om dat je je bewust bent van het proces, in welke fase van het onderzoek je verkeert, of er beperkingen of uitbreidingen in acht moeten worden genomen, etc. Denk ook altijd na over de verwachte uitkomsten of opbrengsten van het onderzoek. Het voorbereiden van een onderzoek is te leren, maar niet (alleen) door een boekje als dit te bestuderen, maar vooral door het veel te doen, en daarbij van fouten te leren.

2. Onderwerp vinden

Wanneer er geen lijst met onderwerpen beschikbaar is waarop je kan inhaken, zal je zelf een geschikt onderwerp moeten vinden. Dat is vaak niet eenvoudig. Want, zoals we hebben gezien, kan je allerlei soorten onderzoeken verrichten naar volstrekt uiteenlopende onderwerpen. Het gehele recht is voorhanden om daarbinnen een onderwerp te kiezen, zie alleen al de eerder genoemde voorbeelden van soorten onderzoek (zie **Hoofdstuk I: Rechtswetenschappelijk onderzoek**). Voor het zoeken naar een onderwerp zijn in elk geval drie zaken van belang (*Vaardigheid 1.1: Voorbereiden van een keuze voor een onderwerp*)

[1] Het onderwerp moet je aanspreken. Jij moet je voor het onderwerp interesseren, je wilt er meer van weten, het onderwerp is voor jou een uitdaging, jij denkt een bijdrage aan de bestaande wetenschappelijke kennis over het onderwerp te kunnen leveren, het betreft een onderwerp waarmee je later goed voor de dag kan komen (bij een sollicitatie bijvoorbeeld) etc. Kortom, je moet het simpelweg een leuk onderwerp vinden. Een leuk onderwerp motiveert je namelijk om aan het onderzoek te werken. Dat is vooral van belang bij een wat groter onderzoeksproject als een scriptie. Gedurende de weken die je met het onderzoek bezig bent, moet je in het onderwerp de stimulans kunnen vinden om aan het onderzoek te werken, daarmee door te gaan en af te ronden. Kies bijvoorbeeld onderwerpen uit vakken die je leuk hebt gevonden.

[2] Het onderwerp moet potentie hebben. Een onderzoek over het onderwerp moet een bijdrage aan de rechtswetenschap kunnen leveren. Dat wil zeggen dat resultaten van het onderzoek het algemene kennisniveau over het onderwerp vergroten. Anders gezegd, jouw onderzoek is voor anderen relevant, de conclusies zijn nuttig of werkbaar voor anderen en het onderzoek vergroot daarmee de 'body of knowledge' over het onderwerp (*Vaardigheid 1.10: Beschikken over/activeren van nodige kennis om onderzoek uit te voeren*).

[3] Het strekt tot aanbeveling niet te lang te wachten met het kiezen van een onderwerp.

Hoe vind je nu, gegeven deze condities, een onderwerp? Kies eerst het rechtsgebied waarbinnen je een onderwerp wilt kiezen, zoals het privaatrecht, het strafrecht, het internationaal recht etc. Bepaal voor dat rechtsgebied wat voor soort rechtswetenschappelijk onderzoek je wilt doen (zie **Hoofdstuk I: Rechtswetenschappelijk onderzoek**). Daarna kan het helpen te bepalen of je binnen dat rechtsgebied onderzoek wilt doen naar een materieel- of formeelrechtelijk onderwerp. Vervolgens kan het nuttig zijn na te gaan welke actuele ontwikkeling zich op dat moment voltrekt, bijvoorbeeld naar aanleiding van een recent wetsvoorstel of een recente rechterlijke uitspraak. Dit verlangt een efficiënte zoekstrategie in de bibliotheek. Om een onderwerp te vinden moet je dus eerst gaan lezen. Type bijvoorbeeld de woorden die bij het onderwerp horen in de bibliotheekcatalogus en zoek de treffers op.

» Veel juridische tijdschriften laten kronieken verschijnen waarin de ontwikkelingen op een bepaald vakgebied in het afgelopen jaar worden beschreven. Zoals het Katern van Ars Aequi. Een dergelijke kroniek kan je op het spoor zetten van een actueel onderwerp. Ook een recente opvallende of baanbrekende uitspraak van bijvoorbeeld de Hoge Raad kan op een actuele ontwikkeling wijzen. Raadpleeg derhalve jurisprudentietijdschriften en de annotaties bij uitspraken. Kijk ook bijvoorbeeld in de kranten of de kamerstukken.

Maak aantekeningen van de zoekwoorden die je hebt gebruikt om in catalogi en databanken te zoeken. Dan weet je waarop je al hebt gezocht en kun je altijd het spoor terugvinden.

Uit het voorgaande volgt dat het proces een 'omgekeerde trechter' is. Na een breed, algemeen idee te hebben gevonden, ga je materiaal zoeken en lezen, ga je zaken uitwerken (opschrijven helpt!) en proberen te komen tot een goede afbakening. Kijk of het lukt om het aantal mogelijke onderwerpen terug te brengen. Aldus maak je de selectie van mogelijke onderwerpen steeds kleiner, totdat er één onderwerp overblijft.

3. Onderwerp en afbakening

Soms lijkt een onderwerp op een bord spaghetti: allemaal slierten die in een onontwarbare kluwen door elkaar kronkelen. Aan jou de taak om er één of een paar slierten uit te trekken en die duidelijk te omschrijven. Het kan helpen om te proberen verschillende aspecten te onderscheiden, of, nog mooier, gradaties. Sommige zaken hangen duidelijk samen, andere niet. Zaken die niet samenhangen moet je dus uit elkaar trekken; van zaken die wel samenhangen kun je bezien of je die samenhang kunt benoemen en of je daar wat mee kunt. Is het één een onderdeel van het ander? Of een voorbeeld? Etc..

Een onderwerp zal doorgaans in het kader van een bepaald vakgebied worden onderzocht. De rechtswetenschap onderscheidt tal van vakgebieden, waarmee meestal delen van het recht worden aangeduid die worden beheerst door relatief autonome regelstelsels. Zoals nationaal en internationaal recht, privaatrecht, strafrecht, staats- en bestuursrecht. Daarbinnen zijn nadere onderverdelingen mogelijk.

> Zo maakt het een groot verschil of je een bepaald probleem, zoals fraude, onderzoekt als een privaatrechtelijk, een strafrechtelijk, een bestuursrechtelijk of een Europeesrechtelijk vraagstuk.

De keuze van het vakgebied zal bepalen welke informatie wel en niet belangrijk is. Je moet daarom duidelijk maken vanuit welk(e) (deel-)vakgebied(en) je het onderwerp wilt gaan benaderen (*Vaardigheid 1.8: Onderwerpen kunnen afbakenen*). Dat heeft consequenties voor de behandeling van je onderwerp. Die kun je in kaart brengen door de volgende drie stappen te volgen.

1. Schets in enkele zinnen een beeld van het gekozen vakgebied. Waaruit bestaat het? Wat wordt bestudeerd? Aan wat voor soort onderwerpen en vragen wordt er gewerkt? Hoe weet je of een onderwerp of vraag in dit vakgebied thuishoort?

2. Leg uit hoe jouw onderwerp past in het vakgebied. Wat maakt het onderwerp nou eigenlijk tot een privaatrechtelijke, strafrechtelijke, bestuursrechtelijke aangelegenheid?

3. Geef aan wat deze invalshoek betekent voor de behandeling van je onderwerp: Wat voor zaken komen aan bod nu het onderwerp vanuit dit vakgebied wordt bekeken? En, belangrijk: welke zaken blijven nu dus buiten beschouwing? Als je kunt verwachten dat anderen bij het gekozen onderwerp ook aan die andere zaken denken, is het verstandig niet alleen te vertellen waar je onderzoek zich op zal richten, maar ook te expliciteren welke zaken je dus buiten je onderzoek houdt.

4. Van onderwerp naar onderzoeksvraag

Als je een onderwerp gekozen hebt, zul je dat verder moeten verkennen, met als doel: het binnen dat onderwerp kunnen formuleren van een vraag die je in je onderzoeksverslag kunt beantwoorden (*Vaardigheid 1.2: Verschil weten tussen een onderwerp hebben en het formuleren van een onderzoeksvraag*). Zo'n vraag heet een onderzoeksvraag of probleemstelling. Die onderzoeksvraag is richtinggevend voor je onderzoek. In de inleiding van het onderzoeksverslag introduceer je de onderzoeksvraag, geef je deze volledig weer en werk je deze uit in deelvragen die je vervolgens gaat beantwoorden. Op het eind, in je conclusie, geef je een antwoord op je onderzoeksvraag. Dat hoeft niet het finale antwoord te zijn: je kunt best tot de conclusie komen dat er nog dingen onduidelijk zijn die nog nader onderzoek vereisen. Het beantwoorden van de onderzoeksvraag is essentieel. Een onderzoek dat geen antwoord geeft op de onderzoeksvraag is geen goed onderzoek.

De onderzoeksvraag geeft aan wat je precies gaat onderzoeken. Daarbij kan de onderzoeksvraag aangeven waarom je dat probleem gaat onderzoeken. Dat is echter niet noodzakelijk (zie **Hoofdstuk IV: Feedback**, §3). Waarom is een antwoord op die onderzoeksvraag interessant? Waarom vind je het belangrijk? Iets in de trant van: 'we moeten voor dit vak een paper schrijven, nou en toen heb ik dit onderwerp maar genomen want ik wist niets beters' voldoet natuurlijk niet. De onderzoeksvraag is ook de verwoording van jouw eigen toewijding aan het onderzoek. Als je aan de slag gaat met een kant-en-klare onderzoeksvraag, bijvoorbeeld eentje die al in de opdracht gegeven is, dan is het van belang dat je je die onderzoeksvraag eigen maakt en desnoods herformuleert, voor zover dat is toegestaan. De onderzoeksvraag moet een vraag zijn die je interesseert en waarvan jij het belangrijk vindt om hem te beantwoorden (zie ook §2). Daarom heeft het de voorkeur dat je zelf een onderzoeksvraag formuleert.

Hoe kom je van een onderwerp naar een onderzoeksvraag? Daar is geen eenduidig antwoord op te geven. Er zijn wel een paar methoden die je kunt hanteren (*Vaardigheid 1.3: Methoden kunnen hanteren om van onderwerp tot onderzoeksvraag te komen*).

> **Zoeken op internet**
> Zoek op termen die met je onderwerp te maken hebben. Let bij het zoeken naar onderwerpen vooral op de actualiteit: wat speelt er, is er wellicht onlangs een spraakmakende rechterlijke uitspraak gewezen, over welke vragen wordt gediscussieerd? Misschien is er wel een weblog, een forum of een nieuwsgroep over je onderwerp: abonneer je daarop en kijk wat de belangrijkste discussie-onderwerpen zijn. Houd het, in elk geval tot je een onderzoeksvraag hebt, oppervlakkig. Je bent alleen nog maar aan het verkennen.

> **Inlezen**
> Als je nog niet zoveel van het onderwerp afweet, zul je je enigszins moeten oriënteren door je 'in te lezen' in het onderwerp. Houd het daarbij vooral globaal: je bent het terrein aan het verkennen, nog niet aan het spitten. Vraag je voortdurend af wat je interessant, opmerkelijk, verbazingwekkend, onzinnig, belachelijk etc. vindt. Wat boeit je aan dit onderwerp? Waar zou je in willen duiken? Lees vooral niet te lang en te veel. Houd wel alvast bij wat je gelezen hebt, zodat je het later gemakkelijk terug kunt vinden.

> **Brainstormen**
> Schrijf, bij voorkeur op een groot vel papier, alles op wat je over het onderwerp te binnen schiet. Je kunt dat doen in de vorm van een 'mindmap': je zet je onderwerp in het midden en schrijft associaties eromheen, waarbij je om die associaties weer andere ingevingen kunt zetten (zie **Fase 2: Materiaal verzamelen**, §3). Wees niet te kritisch en schrijf zoveel mogelijk op. Ga daarna pas schiften en rubriceren.

Hoofdstuk II Onderzoeksinstructie

» Praten
Meestal werkt het goed om met anderen over je onderwerp te praten. Door aan anderen uit te leggen waarom je voor dat onderwerp hebt gekozen, kun je voor jezelf helderder krijgen wat precies de aspecten van je onderwerp zijn die jouw speciale interesse hebben. Je kunt met 'deskundigen' praten, maar ook met huisgenoten, familie, vrienden.

Het komt voor dat een probleem, onduidelijkheid, of iets dat je niet snapt zich vanzelf oplost op het moment dat je het aan een ander probeert uit te leggen. Soms hoor je jezelf dingen zeggen, die je van tevoren nog niet zo duidelijk voor ogen had. Houd pen en papier bij de hand om dit soort inzichten op te kunnen schrijven voor ze weer vervlogen zijn. Je zou ze ook bijvoorbeeld op je mobiele telefoon kunnen opslaan.

» Topische vragen
Een meer systematische manier om een onderwerp te verkennen is met behulp van 'topische' vragen, een serie vragen waarmee zo'n beetje ieder onderwerp in kaart kan worden gebracht. Een voorbeeld van een lijst met dergelijke vragen is hieronder opgenomen. Je kunt zelf ongetwijfeld ook dergelijke vragen bedenken. Realiseer je bij het gebruik van deze lijst dat niet alle vragen ten aanzien van elk onderwerp een relevant antwoord zullen opleveren.
- » Wat is het? Welke kenmerken heeft het?
- » Waarop lijkt het? Waaraan is het tegengesteld?
- » Wie of wat doet het? Wie of wat is erbij betrokken?
- » Welke soorten of onderdelen zijn er te onderscheiden?
- » Waartoe behoort het? Waar is het onderdeel van?
- » Waar en wanneer komt het voor?
- » Wanneer is het begonnen of geëindigd?
- » Waar komt het vandaan?
- » Hoe ontstaat het of is het ontstaan?
- » Waar gaat het naartoe? Hoe ontwikkelt het zich?
- » Hoe gebeurt het? Welke methode wordt ervoor gebruikt?
- » Welk doel dient het? Welke taak heeft het?
- » Wat zijn er de oorzaken of redenen van?
- » Welke argumenten zijn ervoor of ertegen aan te voeren?
- » Welke gevolgen heeft het?
- » Wat zijn de voordelen en nadelen?
- » Welke maatregelen vereist het?

» Nadenken
En ten slotte, gewoon nadenken. Dat kun je doen achter je bureau, door uit het raam te kijken, maar ook tijdens een wandeling of fietstocht. Het is soms ook nodig om iets te laten 'bezinken', in de hoop dat op een gegeven moment een bruikbaar inzicht zich spontaan aandient. Als je een paar keer hebt meegemaakt dat dat werkt, kun je daar hoop en zelfvertrouwen aan ontlenen.

Op enig moment moet je de 'sprong' wagen en beginnen aan de niet geringe taak van het formuleren van een onderzoeksvraag. Het hoeft niet in één keer goed, het formuleren van een onderzoeksvraag is vaak een proces van 'voortschrijdend inzicht'. Je zult ook merken dat je bij het formuleren soms weer nuttig gebruik kunt maken van de hiervoor genoemde methoden. Praat erover, schrijf je associaties op, bekijk het nog eens van verschillende kanten, dat helpt je om duidelijk te krijgen waarom je wat wilt onderzoeken (met andere woorden: je onderzoeksvraag).

5. Soorten onderzoeksvragen

Een onderzoeksvraag is, als gezegd, een concrete vraag waarop je in je onderzoeksverslag een antwoord geeft. Er zijn verschillende soorten vragen (*Vaardigheid 1.5: Weten welke verschillende soorten onderzoeksvragen er zijn, kunnen kiezen welke het meest adequaat is voor het eigen onderzoek*). Kies één soort vraag, namelijk die welke het beste past bij het onderzoek dat je wilt gaan doen.

5.1 Beschrijvende vragen
Bij een beschrijving gaat het om wat iets is of hoe iets is. Met zulke vragen richt je je onderzoek op relevante aspecten, eigenschappen of kenmerken. Maar het kan ook gaan om soorten, situaties, onderdelen, categorieën, concepten, instanties, stromingen, personen, ontwikkelingen, enzovoort. Voorbeelden van beschrijvende vragen:

> 'Welke juridische voorwaarden worden gesteld aan de adoptie van een kind in Nederland?'
> 'Welke mogelijkheden biedt het strafrecht om smaad en laster op het internet aan te pakken?'

5.2 Vergelijkende vragen
Bij een vergelijking wil je interessante of opmerkelijke verschillen en overeenkomsten aan het licht brengen tussen twee of meer zaken of tussen hoe iets is op verschillende momenten. Voorbeelden van vergelijkende vragen zijn:

> 'Wat zijn de verschillen en overeenkomsten tussen de adoptieprocedures met betrekking tot een kind uit Nederland en een kind uit het buitenland?'
> 'Wat zijn de kenmerken die identiteitsfraude uniek maken in vergelijking met bestaande, aan identiteitsfraude gerelateerde delicten?'

5.3 Evaluerende vragen
Bij een evaluatie gaat het om de waarde van iets, hoe goed iets is, welk oordeel kan worden gegeven. Je bent dus op zoek naar positieve en negatieve aspecten, naar voor- en nadelen, of naar argumenten voor en tegen. Voorbeelden van evaluatieve vragen zijn:

> 'Is interlandelijke adoptie in het belang van het kind?'
> 'Draagt het strafbaar stellen van identiteitsfraude bij aan het bestrijden van grooming van minderjarigen op het internet?'

5.4 Verklarende vragen
Bij een verklaring gaat het om waarom iets is zoals het is of hoe het komt dat iets is zoals het is. Je bent op zoek naar oorzaken, bronnen, achtergronden, achterliggende redenen of motieven. Voorbeelden van verklarende vragen zijn:

> 'Waarom worden kinderen gehoord in interlandelijke adoptieprocedures?'
> 'Waarom zijn internetproviders terughoudend met het doorgeven aan derden van identificerende gegevens van hun abonnees?'

5.5 Ontwerpvragen
Bij ontwerpvragen wil je iets maken of ontwerpen waarmee je een ongewenste situatie kunt verbeteren of een gewenste situatie kunt realiseren. De meeste ontwerpvragen zijn wetenschappelijk gezien eigenlijk evaluatievragen, met dit verschil dat je iets evalueert wat je eerst nog moet maken of ontwerpen. Zo'n ontwerp kan een instrument zijn, een handelingsvoorschrift, een goed uitgewerkt advies of een computerprogramma. Bijvoorbeeld:

Hoofdstuk II Onderzoeksinstructie

> 'Bezien vanuit het perspectief van het belang van het kind, hoe kan er beter om worden gegaan met de wensen van het kind in interlandelijke adoptieprocedures?'
> 'Welke maatregelen moeten worden genomen indien privacygevoelige gegevens worden opgenomen in een openbaar toegankelijk databestand?'

5.6 Voorspellende vragen

Bij een voorspelling gaat het om hoe iets zal zijn in de toekomst. Je bent op zoek naar mogelijke gevolgen of effecten. Voorbeelden van voorspellende vragen:

> 'Zal een verhoging in de leeftijdsgrens voor interlandelijke adoptie leiden tot minder interlandelijke adopties in Nederland?'
> 'Leiden de uitwisselingsmogelijkheden van het internet en de beperkte mogelijkheid om daar met het recht wat aan te doen, tot een toename van kindermisbruik?'

Formuleer eerst een voorlopige onderzoeksvraag. De ervaring leert dat in de loop van het onderzoek vaak duidelijk wordt dat de eerste onderzoeksvraag moet worden aangepast, meestal in de zin van een verdere beperking. Het is handig om de voorlopige onderzoeksvraag te formuleren in de vorm van een 'wat is' of 'wat zijn' vraag. Het voordeel van zo'n vraag is dat je meteen ziet waarnaar je op zoek bent: kenmerken, overeenkomsten, verschillen, oorzaken, gevolgen, etc.

6. Eisen aan een onderzoeksvraag

Het formuleren van een goede onderzoeksvraag is niet gemakkelijk. Toch is het cruciaal dat het goed gebeurt. Het onderzoek moet immers een antwoord op de onderzoeksvraag geven. Een goede onderzoeksvraag moet expliciet, precies, afgebakend, haalbaar, verankerd, relevant, origineel en functioneel zijn. Deze eisen worden in **Hoofdstuk III: Beoordeling** toegelicht.

> Een voorbeeld van een onnauwkeurige onderzoeksvraag is: 'Wat zijn de verschillende aspecten van nierdonatie bij leven?'. De term 'verschillende aspecten' is uitermate vaag, waardoor het nauwelijks sturend is voor het onderzoek. Het blijft volstrekt onduidelijk welke 'verschillende aspecten' bedoeld worden. Gaat het bijvoorbeeld om medische, sociale, ethische, juridische aspecten? Hier moet een keuze gemaakt worden, die ook geconcretiseerd moet worden. De vraag zou als volgt toegespitst kunnen worden: 'Welke voorwaarden stelt de Wet op de Orgaandonatie aan de nierdonatie door een levende donor?'.

> 'Is het zo dat de invloed van het EU-recht in het Nederlandse recht groeit?' Deze onderzoeksvraag bestaat uit de volgende onderdelen: EU-recht, Nederlands recht, invloed en groeiend. Al deze onderdelen vragen om een nadere precisering. Dat kan bijvoorbeeld als volgt:
> - EU-recht: gaat het om verordeningen, richtlijnen, beschikkingen en jurisprudentie, of om één van deze?
> - Nederlands recht: gaat het om de wettelijke regels en/of jurisprudentie, gaat het om alle rechtsgebieden, om enkele of één, gaat het over een bepaalde periode?
> - Invloed: wat voor soort invloed? Gaat het om bedoelde of onbedoelde gevolgen? Betreft het de directe invloed van introductie van recht op nieuwe gebieden, gaat het om correctie of modificatie? Of gaat het om het beroep dat in de rechtspraktijk op EU-recht gedaan wordt en, zo ja, hoe gebeurt dat dan? Vooral door partijen of ook (ambtshalve of door gemeenschapsconforme interpretatie) door rechters?

> • Groeiend: ten opzichte waarvan? Van jaar tot jaar, ten opzichte van het aantal nationale regels?
> De hele ruime en onnauwkeurige onderzoeksvraag kan dan bijvoorbeeld als volgt gepreciseerd worden: 'Zijn de verwijzingen in arresten van de burgerlijke kamer van de Hoge Raad naar EG jurisprudentie de laatste 10 jaar toegenomen?'.

Het proces waarbij je de onderzoeksvraag op zo'n manier formuleert dat het je in staat stelt om de informatie te vinden die een antwoord op je vraag geeft, heet 'operationaliseren'. Het gaat er om dat je een onderzoekbare, beantwoordbare vraag stelt. Binnen de rechtssociologie is dit een belangrijk proces (hoe onderzoek en beantwoord je een vraag naar de effecten van bepaalde regelgeving in de praktijk?), maar ook in andere rechtswetenschappelijk onderzoek speelt het een rol. Operationaliseren zal vaak neerkomen op het formuleren van een nauwkeurige onderzoeksvraag, met relevante deelvragen. (*Vaardigheid 1.9: Operationaliseren van de onderzoeksvraag*).

7. Selecterende werking van je onderzoeksvraag

Het is belangrijk om je te realiseren dat, vanaf het moment dat je je (voorlopige) onderzoeksvraag hebt geformuleerd, die onderzoeksvraag de bril wordt waardoor je moet kijken (*Vaardigheid 1.4: Besef hebben van de selecterende werking van een onderzoeksvraag*). Dat wordt helemaal duidelijk in de volgende fase, als je naar bronnen gaat zoeken. Bedenk nu of de onderzoeksvraag inderdaad alles 'dekt' wat je wilt onderzoeken. Wat valt allemaal buiten je onderzoeksvraag? Klopt dat? Je onderzoeksvraag bakent af waar je onderzoek wel maar vooral ook waar je onderzoek níet over gaat. Het kan goed zijn dat later blijkt dat je onderzoeksvraag toch nog te ruim is en dat je je verder moet beperken. Dat geeft helemaal niets, dat hoort bij het doen van wetenschappelijk onderzoek.

De selecterende werking van de onderzoeksvraag is ook in een ander opzicht van belang. Het bepaalt welk materiaal je moet verzamelen en beoordelen (zie **Fase 2: Materiaal Verzamelen** en **Fase 3: Materiaal Beoordelen**). En dat geeft aan waar je tijd en aandacht aan moet besteden. Dus een goed selecterende onderzoeksvraag werkt ook werkbesparend: een artikel dat qua onderwerp buiten de onderzoeksvraag valt, hoef je niet te lezen.

8. Deelvragen

8.1 Doel van deelvragen

Een onderzoeksvraag kun je niet in één keer beantwoorden, dat zul je in stapjes moeten doen. Afhankelijk van het soort onderzoeksvraag moet je bepaalde deelvragen stellen (*Vaardigheid 1.11: (Functioneel) formuleren van deelvragen*). De deelvragen gaan in op onderdelen van de hoofdvraag en zijn bedoeld om te verzekeren dat de onderzoeksvraag gestructureerd en volledig wordt beantwoord. Per deelvraag kan vaak een hoofdstuk of paragraaf worden gereserveerd voor de beantwoording ervan. Deelvragen dienen een logische volgorde te hebben, niet te overlappen en de onderzoeksvraag te dekken (*Vaardigheid 1.12: Deelvragen logisch kunnen opbouwen*).

Bij een beschrijvende onderzoeksvraag zal het object van beschrijving opgedeeld moeten worden om het goed in kaart te kunnen brengen. Het vereiste logische verband tussen de deelvragen kan bereikt worden door ze in een chronologische volgorde te zetten (van vroeg tot laat, van begin tot eind), door de diverse betrokken categorieën te onderscheiden (zoals diverse actoren (bijvoorbeeld schuldeiser, schuldenaar, verdachte, slachtoffer, opsporingsambtenaar, officier van justitie), diverse rechterlijke colleges, verschillende soorten bevoegdheden, verschillende categorieën rechten (burgerlijke en politieke mensenrechten en economische, sociale en culturele mensenrechten etc.), als kwalitatieve reeks te presenteren (van algemeen naar specifiek, van belangrijk naar onbelangrijk, van gemakkelijk naar moeilijk) etc.

Hoofdstuk II Onderzoeksinstructie

Bedenk dus hoe je je onderwerp wilt gaan beschrijven: een chronologische beschrijving van de regelingen ter bestrijding van belastingfraude in het Europese recht zal bijvoorbeeld leiden tot andere deelvragen (en een andere inperking van het onderwerp) dan een kwalitatieve beschrijving van die regelingen. Bij een chronologische beschrijving zullen ze bijvoorbeeld op volgorde van hun totstandkoming behandeld worden, terwijl je bij een kwalitatieve beschrijving kunt denken aan een beschrijving van de regelingen ter bestrijding van de belastingfraude in de Europese Unie op basis van algemeen naar specifiek (*Vaardigheid 1.13: Uitsplitsen van verschillende delen van vragen*).

Bij de andere soorten onderzoeksvragen zien we telkens een min of meer vast patroon van deelvragen, hieronder samengevat. Natuurlijk staat het je vrij om ervan af te wijken. Ook kun je schema's samennemen als dat zo uitkomt, of maar een stukje van een schema gebruiken.

8.2 Voorbeelden van mogelijke bijhorende deelvragen

Vraagtype	Onderzoeksvraag	Mogelijke deelvragen
Beschrijvend	Welke juridische voorwaarden worden gesteld aan de adoptie van een kind in Nederland?'	1. Welke juridische voorwaarden worden gesteld met betrekking tot het kind? 2. Welke juridische voorwaarden worden gesteld met betrekking tot de adoptiefouders? 3. Welke juridische voorwaarden worden gesteld met betrekking tot de afstandsouders?
Vergelijkend	Wat zijn de verschillen en overeenkomsten tussen de adoptieprocedures met betrekking tot een kind uit Nederland en een kind uit het buitenland?	1. Wat zijn de juridische vereisten ten aanzien van het adopteren van een kind in Nederland? 2. Wat zijn de juridische vereisten ten aanzien van het adopteren van een kind uit het buitenland? 3. Wat zijn de overeenkomsten en verschillen?
Evaluerend	Is interlandelijke adoptie in het belang van het kind?	1. Wat zijn de juridische voorwaarden om een kind uit het buitenland te adopteren? 2. Wat houdt het begrip 'het belang van het kind' in ten aanzien van adoptie? 3. Wanneer is interlandelijke adoptie in het belang van het kind? 4. Wanneer is interlandelijke adoptie niet in het belang van het kind?
Verklarend	Waarom worden kinderen gehoord in interlandelijke adoptieprocedures?	1. Wanneer worden kinderen gehoord tijdens interlandelijke adoptieprocedures? 2. Hoe worden kinderen gehoord tijdens interlandelijke adoptieprocedures? 3. Wat is de ratio geweest om de bovenstaande regels op de wijze op te stellen?

Vraagtype	Onderzoeksvraag	Mogelijke deelvragen
Ontwerpend	Bezien vanuit het perspectief van het belang van het kind, hoe kan er beter om worden gegaan met de wensen van het kind in interlandelijke adoptieprocedures?	*Probleem (zie Evaluerend)* 1. Wat zijn de juridische voorwaarden om een kind uit het buitenland te adopteren? 2. Wanneer en hoe dienen kinderen gehoord te worden in interlandelijke adoptieprocedures? 3. Wanneer en hoe worden kinderen gehoord in interlandelijke adoptieprocedures? 4. Wat is zijn de verschillende tussen de constateringen bij punt 2 en 3? *Ontwerp* 5. Bezien vanuit het belang van het kind, op welke wijzen kan het recht meer waarborgen bieden om de wensen van het kind te respecteren in interlandelijke adopties?
Voorspellend	Zal een verhoging in de leeftijdsgrens voor interlandelijke adoptie leiden tot minder interlandelijke adopties in Nederland?	*Theorie* 1. Wat zijn de juridische voorwaarden voor interlandelijke adopties? 2. Welke factoren zijn van invloed ten aanzien van de leeftijdsgrens met betrekking tot interlandelijke adoptie? *Toetsing en voorspelling* 3. Hoeveel kinderen worden per jaar interlandelijk geadopteerd één jaar voor invoering van een leeftijdsverhoging? (nulmeting) 4. Wanneer werd de leeftijdsgrens verhoogd? 5. Is het aantal interlandelijke adopties na deze wijziging toegenomen of gedaald? 6. Welke feitelijke factoren ten aanzien van de leeftijdsgrens met betrekking tot interlandelijk adoptie zijn veranderd? 7. Is het aannemelijk dat deze feitelijke factoren hetzelfde zullen zijn in de toekomst?

9. Methode van onderzoek

Bij dit onderdeel gaat het om de vraag hoe je het beste een antwoord kunt vinden op de onderzoeksvraag en de deelvragen die je eruit hebt afgeleid. Rechtswetenschappelijk onderzoek waar we het hier over hebben beperkt zich vaak tot literatuur- en documentenonderzoek, maar denk ook eens aan andere methoden (zie verder *Fase 2: Materiaal verzamelen*). Je moet echter je keuze altijd verantwoorden, ongeacht welke methode je hanteert (*Vaardigheid 1.18: Gekozen methoden kunnen verantwoorden*).

Zonder dat je je diep in de methoden en technieken van sociaal-wetenschappelijk onderzoek hoeft te verdiepen, kun je best een empirische component aan je onderzoek toevoegen. Je kunt hiervoor verschillende redenen hebben. Zo kun je empirisch onderzoek nodig hebben voor de beantwoording van een onderzoeksvraag, bijvoorbeeld voor de vraag hoe een kind in een interlandelijke adoptieprocedure wordt gehoord. Het kan ook zijn dat je empirisch onderzoek niet direct nodig hebt, maar je toch een beter reëel beeld wilt krijgen van je onderwerp, om de relevantie van je onderzoek of de richting van je antwoord beter te kunnen inschatten of om het simpelweg meer voor je te laten leven. Je wilt bijvoorbeeld meer weten over kenmerken van adoptiefkinderen (leeftijd, afkomstig uit welke landen, etc.). Ten slotte kun je empirische gegevens gebruiken als illustratie (en niet meer dan dat) voor je rechtswetenschappelijk onderzoek.

Over het algemeen maakt het opnemen van een empirische component je onderzoek leuker om te doen en je onderzoeksverslag interessanter om te lezen. Let echter wel op indien het gebruik van de gegevens uit andere disciplines een kernelement van je onderzoek wordt (en dus nodig voor de beantwoording van een onderzoeksvraag). In zo'n geval worden er veel zwaardere eisen gesteld qua methodologie en verantwoording. Omdat rechtswetenschappers (in spe) doorgaans deze methodologie niet voldoende beheersen, benutten zij vaak onderzoek dat reeds is verricht door sociaal-wetenschappers.

Ten aanzien van empirisch onderzoek wordt een onderscheid gemaakt tussen kwantitatief onderzoek en kwalitatief onderzoek. Kwantitatief onderzoek biedt cijfermatig inzicht en geeft veelal antwoorden op vragen die in termen van hoeveelheid kunnen worden uitgedrukt (bijvoorbeeld hoeveel kinderen worden per jaar ontvoerd, wat is de gemiddelde opgelegde straf ten aanzien van moordzaken in Nederland etc.). Deze informatie kan bijvoorbeeld worden gevonden via het CBS (Centraal Bureau voor de Statistiek in Nederland). Kwalitatief onderzoek, daarentegen, is gericht op het verkrijgen van informatie over wát er leeft onder een bepaalde doelgroep en waaróm. Deze vorm van onderzoek geeft diepergaande informatie door in te gaan op achterliggende motieven, meningen, wensen en behoeften van de doelgroep. Het gaat in op het waarom van heersende meningen en bepaalde gedragingen. Voorbeelden van kwalitatieve onderzoeksmethoden zijn interviews en observaties.

Je kunt zelf bescheiden empirische onderzoekshandelingen verrichten door bijvoorbeeld een autoriteit of ervaringsdeskundige op het onderwerp via de e-mail (of de telefoon) een paar vragen stellen, of op een internetforum over jouw onderwerp een poll uit te schrijven of een discussie te beginnen. Je kunt ook een zitting bijwonen, een keer met de politie mee op surveillance, op excursie naar een internationale organisatie, of 'undercover' in de virtuele wereld die je onderzoekt. Zeer afhankelijk van je onderwerp, dat is duidelijk.

» Voor meer informatie over de eisen die aan kwantitatief en kwalitatief onderzoek worden gesteld zie bijvoorbeeld: M.P.M. de Goede en D.B. Baarda, *Basisboek Methoden en Technieken*, Den Haag: Noordhoff Uitgevers 2006 en D.B. Baarda, M.P.M. de Goede en J. Teunissen, *Basisboek Kwalitatief Onderzoek*, Den Haag: Noordhoff Uitgevers 2010

10. Planmatige stappen

10.1 Voorlopige inhoudsopgave

De deelvragen kun je gebruiken om een (voorlopige) inhoudsopgave van je onderzoeksverslag te maken. Gebruik niet je deelvragen als hoofdstuk- of paragraaftitels. Gebruik wél steekwoorden of andere korte aanduidingen in je hoofdstuk- of paragraaftitels, zodat de lezer wel weet waar het over gaat en de structuur van je onderzoeksverslag in één oogopslag duidelijk is (*Vaardigheid 1.15: Van een onderzoeksvraag een hoofdstuk- en paragraafindeling kunnen maken*).

10.2 Tijdsplan
Je kunt natuurlijk zeggen: ik doe alleen een literatuur- en documentenonderzoek dus ik gebruik alleen boeken en ander schriftelijk materiaal en voor het vinden van de benodigde antwoorden denk ik zo-en-zoveel tijd nodig te hebben - maar dat is niet de bedoeling. Bij het voorbereiden van een onderzoek zul je van tevoren goed en systematisch moeten nadenken over de haalbaarheid van je onderzoek. Het is onmogelijk die haalbaarheid goed in te schatten als je niet nauwkeurig kijkt naar wat je moet doen om je onderzoeksvraag op te lossen en hoeveel tijd je dat zal gaan kosten (*Vaardigheid 1.7: Vaststellen of onderzoeksvraag haalbaar is gezien beperkingen*).

De eerste vraag is dan welke schriftelijke bronnen (wettelijke regelingen en andere documenten, jurisprudentie en literatuur) je bij welke deelvragen gaat gebruiken, of eventueel al hebt gebruikt. Vervolgens moet je een inschatting maken hoeveel tijd je voor het verwerken van je schriftelijke bronnen nodig hebt. Het gaat dan om het vinden van het antwoord, nog niet om het precies en mooi formuleren ervan. Hoe lang duurt het voordat je oude kamerstukken opgeduikeld hebt? Hoeveel tijd heb je nodig om relevante jurisprudentie te vinden en te analyseren? Je kunt bijvoorbeeld je onderzoek ook beperken tot jurisprudentie uit bepaalde jaren. Het zal duidelijk zijn dat dit nooit meer dan grove schattingen kunnen zijn. Maar als je nu al ziet dat het geen haalbare kaart is, dan is het verstandig om in deze fase al je onderzoeksvraag in te perken.

Je kunt ook andersom redeneren: terugrekenend vanaf de datum dat je onderzoek klaar moet zijn, heb je nog zoveel tijd. Hoeveel tijd heb je nodig om je onderzoeksrapport te schrijven? Dus hoeveel tijd blijft er dan over voor het echte zoekwerk? De ervaring leert dat de meeste onderzoekers ongeveer 1/3 van hun tijd gebruiken voor het zoeken en vinden van bruikbare antwoorden. Bedenk ook waar je mee gaat beginnen. Houd je de volgorde van de deelvragen aan? Of is het praktischer om een andere volgorde aan te houden?

10.3 Onderzoeksplan
Al het werk in deze fase resulteert uiteindelijk in een werkbaar onderzoeksplan (*Vaardigheid 1.14: Onderzoeksplan uitstippelen / onderzoeksopzet ontwerpen*). Een onderzoeksplan geeft een duidelijk en realistisch antwoord op de vraag **waarom**, **wat**, **waar**, **hoe**, **hoeveel** en **wanneer** onderzocht gaat worden.

11. Model voor onderzoeksplan

1. Administratieve gegevens
– Naam van de onderzoeker c.q. namen van de leden van de onderzoeksgroep
– Contactgegevens
– Data en tijden van voortgangsgesprekken en eindgesprek (indien al gepland)
– Naam begeleidende docent
– *Indien groepsproject:* Verdeling van taken tussen studenten onderling

2. Onderzoeksgebied en onderwerp
– Vakgebied(en)
– Onderwerp

3. Onderzoeksvraag
– Afbakening van het onderwerp
– Onderzoeksvraag en definities
– Toelichting op en verantwoording van de onderzoeksvraag
– Typering van de onderzoeksvraag als beschrijvingsvraag, vergelijkingsvraag, evaluatievraag, verklaringsvraag, ontwerpvraag of voorspellingsvraag

4. Deelvragen
– Deelvragen die afgeleid zijn uit de onderzoeksvraag
– Verwijzing per deelvraag naar de methode / bronnen die bij de beantwoording gebruikt zullen worden
– Voorlopige inhoudsopgave van het onderzoeksverslag

5. Planning; benodigde tijd en data voor:
– Verzamelen van gegevens
– Verwerken van gegevens (bestuderen van bronnen)
– Schrijven van eerste versie
– Herschrijven en afwerken van het onderzoeksverslag

6. Geraadpleegde bronnen (en nog te raadplegen bronnen, voor zover al bekend)
– Wettelijke regelingen, verdragen en andere documenten
– Jurisprudentie
– Boeken, artikelen uit boeken, tijdschriftartikelen

7. Zoekstrategie
– Uitleg over strategie bij het zoeken van bronnen
– Zoektermen
– Lijst van gezochte bronnen en bijhorende zoektermen

Fase 2: Materiaal Verzamelen

1. Inleiding

Het uitgangspunt in deze fase is dat je **Fase 1: Onderzoek voorbereiden** hebt doorlopen en dus al over een goede onderzoeksvraag en deelvragen beschikt. Als het goed is, heb je in fase 1 ook al een aantal bronnen gevonden en gebruikt. Het grootste deel van het bronnenonderzoek moet echter nog plaatsvinden. **Fase 2: Materiaal verzamelen**, draait dan ook om de zoektocht naar (verdere) informatie met behulp waarvan de onderzoeksvraag kan worden beantwoord. Concreet komt dit neer op het verzamelen, analyseren en bewerken van relevante informatie, aangevuld met wat je al weet over het onderwerp. Je moet je daarbij steeds afvragen:
- *wat* voor informatie je gaat verzamelen, analyseren en bewerken,
- *waarom* je die informatie gaat verzamelen etc. en
- *op welke wijze* je dat gaat doen.

2. Verschillende soorten bronnen

Je onderzoeksvraag en de deelvragen zijn leidend bij het verzamelen van materiaal: welke informatie heb je nodig om deze te beantwoorden? Als het goed is, leiden de deelvragen je naar een specifiek soort informatie, namelijk naar informatie over kenmerken van (aspecten van) het onderzoeksonderwerp, overeenkomsten en/of verschillen, oorzaken en gevolgen, voor- en nadelen, alternatieven etc. Afhankelijk van de onderzoeksvragen, richt je je dus op een bepaald soort informatie. Bedenk per deelvraag welke bronnen nodig zouden kunnen zijn en zet dat in het schema bij de deelvragen (*Vaardigheid 2.1: Vaststellen van de verschillende soorten bronnen*). Hiermee moet duidelijk worden wat voor soort informatie je gaat verzamelen, waarmee je meteen een indicatie krijgt van de richting waarin je moet zoeken (tijdschriften bestrijken bijvoorbeeld vaak een bepaald vakgebied; benut dat gegeven bij je zoektocht!). Voor juridisch onderzoek moet een onderscheid worden gemaakt tussen vier verschillende soorten bronnen.

1. Internationale bronnen (Verdragen, Europese richtlijnen etc.) met eventueel omringende stukken, zoals (internationale) commentaren
2. Wetgeving met omringende stukken, zoals voorbereidend materiaal (kamerstukken), evaluaties, commentaren
3. Jurisprudentie
4. Literatuur
    i. Juridische wetenschappelijke literatuur (handboeken, monografieën, tijdschriften etc.)
    ii. Wetenschappelijke literatuur uit andere disciplines (bijvoorbeeld sociale wetenschappen, economie)
    iii. Overige literatuur

Realiseer je ook dat er tussen deze soorten bronnen een zekere hiërarchie bestaat. Bij een onderzoek naar een onderwerp waarover een internationaal verdrag bestaat, zijn de tekst van en toelichting op het verdrag natuurlijk onmisbaar. Daarnaast is de uitleg die de (hoogste) rechter aan die bepaling geeft van belang. Literatuur over het verdrag biedt daarop een aanvulling.

3. Zoekplan, zoektermen en zoekstrategie

Vervolgens begint de daadwerkelijke zoektocht naar relevante informatie. Het is daarvoor raadzaam een zoekplan op te stellen, waarin je vastlegt op welke wijze je te werk zult gaan (*Vaardigheid 2.2: Zoekplan maken*). Dat zal per onderzoek en mede afhankelijk van de beschikbare informatie verschillen. Is er bijvoorbeeld een handboek of overzichtsartikel over je onderzoeksonderwerp beschikbaar, dat je als uitgangspunt kunt nemen? Naar welke bronnen wordt daarin verwezen? Of gaat je onderzoek over een nieuw wetsvoorstel, zodat het raadzaam is te beginnen bij de parlementaire geschiedenis? Uit welke periode zoek je naar jurisprudentie? Soms is de informatie die nodig is om een onderzoeksvraag te beantwoorden nog niet voorhanden en zal die in het kader van het onderzoek moeten worden geproduceerd, bijvoorbeeld door middel van interviews (*Vaardigheid 2.4: Eventueel opstellen van interviewvragenlijst*) of jurisprudentie-analyse.

Veel informatie die van belang is voor rechtswetenschappelijk onderzoek, is te vinden met behulp van digitale (juridische) gegevensbestanden. Dergelijke bestanden moeten worden doorzocht aan de hand van zoektermen. Het vaststellen van de juiste zoektermen en de te hanteren zoekstrategie (*Vaardigheid 2.3: Vaststellen van zoektermen en zoekstrategie*) is dan ook een cruciaal onderdeel van deze onderzoeksfase. Het is in de praktijk niet eenvoudig om de juiste zoektermen te formuleren; te globale termen leiden tot te veel hits, terwijl een specifieke(re) term soms juist te weinig oplevert. Voorts is het belangrijk, zelfs als een zoekterm een acceptabel aantal relevante zoekresultaten oplevert, om niet te snel tevreden te zijn met het gevonden resultaat. Probeer ook nog eens enkele andere zoektermen, een andere ingang of een andere databank; je reduceert daarmee de kans dat je belangrijke informatie over het hoofd ziet (*Vaardigheid 2.5: Vinden van bronnen op verschillende niveaus*).

Er zijn verschillende mogelijkheden om theorie en praktijk van het zoeken naar juridische informatie te leren, zoals zelfinstructies en speciale trainingen. De tijd die je investeert in het serieus volgen van zo'n instructie of training verdien je later dubbel en dwars terug. Handigheid met elektronische zoeksystemen is niet alleen onmisbaar voor de uitvoering van onderzoek in het kader van je studie, maar ook later bij je professionele loopbaan. Bovendien schuilt de winst niet alleen in de (geringere) tijd die je kwijt bent om relevante bronnen te vinden, maar vooral ook in de betere kwaliteit van de gevonden bronnen. Daarnaast zijn er voor de verschillende soorten bronnen ook nog allerlei toegespitste handleidingen en instructies beschikbaar, die zeker ook het raadplegen waard zijn

> » Voor meer informatie over het zoeken juridische databanken, zie bijvoorbeeld: C.L. Hoogewerf, E.M. Oudejans en W. Riphagen, *Zoeken in juridische databanken*, Den Haag: Boom 2009.

We geven een voorbeeld van een zoekplan en bijbehorende zoektermen. Stel, je onderzoeksvraag is: Welke mogelijkheden biedt het strafrecht om smaad en laster op het internet aan te pakken? (zie hierboven onder **Fase 1: Onderzoek voorbereiden, §5.1**) Een handige techniek is het maken van een zogenaamde 'mindmap'. Je pakt een vel papier, zet je onderwerp in het midden en schrijft associaties daaromheen. Bijvoorbeeld als volgt:

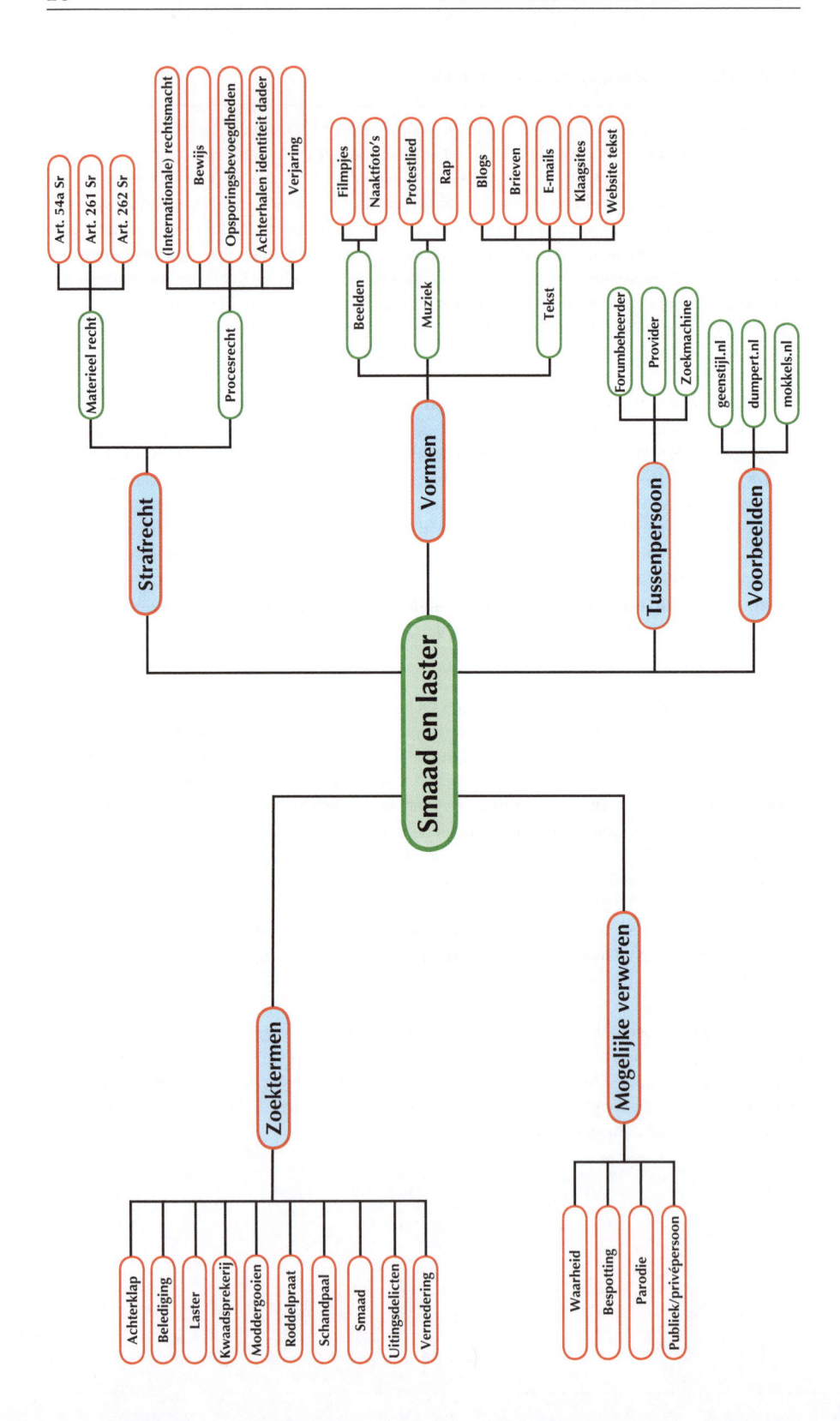

Smaad en laster

Strafrecht

Materieel recht
- Art. 54a Sr
- Art. 261 Sr
- Art. 262 Sr

Procesrecht
- (Internationale) rechtsmacht
- Bewijs
- Opsporingsbevoegdheden
- Achterhalen identiteit dader
- Verjaring

Vormen

Beelden
- Filmpjes
- Naaktfoto's

Muziek
- Protestlied
- Rap

Tekst
- Blogs
- Brieven
- E-mails
- Klaagsites
- Website tekst

Tussenpersoon
- Forumbeheerder
- Provider
- Zoekmachine

Voorbeelden
- geenstijl.nl
- dumpert.nl
- mokkels.nl

Zoektermen
- Achterklap
- Belediging
- Laster
- Kwaadsprekerij
- Moddergooien
- Roddelpraat
- Schandpaal
- Smaad
- Uitingsdelicten
- Vernedering

Mogelijke verweren
- Waarheid
- Bespotting
- Parodie
- Publiek/privépersoon

Hoofdstuk II Onderzoeksinstructie

Zo kun je bedenken dat je de strafrechtelijke handboeken zult moeten raadplegen met betrekking tot uitingsdelicten, dat je naar jurisprudentie moet zoeken en dat je naar tijdschriftartikelen en wellicht op internet moet zoeken.

4. Aanvang van het daadwerkelijke bronnenonderzoek

Als je hebt vastgesteld naar welke informatie je op zoek gaat, op welke wijze (zoekplan) en aan de hand van welke termen en volgens welke strategie, kan het bronnenonderzoek daadwerkelijk beginnen. Realiseer je goed dat alleen een zoektocht op internet via Google **NIET** voldoet. Als je bijvoorbeeld op zoek gaat naar nationale jurisprudentie, beperk je dan niet tot wat op rechtspraak.nl gepubliceerd is, maar kijk vooral ook in de diverse digitale gegevensbestanden (NJ, RvdW, KG etc.) die via de bibliotheek toegankelijk zijn. Begin je zoektocht altijd bij de digitale en papieren bronnen van de juridische bibliotheek.

Alle gevonden informatie moet in eerste instantie vluchtig worden bekeken op potentiële relevantie. Vervolgens is het van belang dat je vastlegt wat je hebt gevonden en in hoeverre de gevonden informatie op het eerste gezicht bruikbaar is (*Vaardigheid 2.6: Opslaan en maken van registers van bronnen*), zodat je later in het onderzoek (met name in de **Fase 4: Onderzoeksverslag structureren** en **Fase 5: Argumentatie opbouwen**) gemakkelijk je weg vindt in de verzamelde informatie. Wellicht is het handig om een onderscheid te maken in categorieën, zoals 'niet bruikbaar', 'misschien in een later stadium bruikbaar' en 'waarschijnlijk of vrijwel zeker bruikbaar'. Sla dan de zoekresultaten in de tweede en derde categorie zo op dat je ze zelf gemakkelijk terug kunt vinden, dus bijvoorbeeld als een verzameling hyperlinks, of, nog beter, met behulp van een programma als RefWorks.

> » Ga in deze fase van het bronnenonderzoek nog niet alles integraal of in detail lezen. Het gaat nu primair om het inventariseren van relevante informatie

Werk op deze wijze je onderzoeksopzet af en probeer voor elke deelvraag de benodigde bronnen te vinden. Afhankelijk van de beschikbare tijd en van de afbakening van het onderwerp van je onderzoek zul je op zeker moment moeten stoppen met het zoeken naar nog meer bronnen. 'Hoe meer, hoe beter' is niet altijd van toepassing; het onderzoek moet ook behapbaar blijven. Een goede leidraad is hier de vraag waarom je bepaalde informatie gaat verzamelen, analyseren en bewerken. Beperk je tot informatie die onmisbaar is voor de beantwoording van je onderzoeksvraag en deelvragen, daarbij uiteraard wel in de gaten houdend dat je niet méér informatie nodig hebt dan je van plan bent te gaan verzamelen. Laat je, met andere woorden, leiden door het 'principe van spaarzaamheid'. Het is uiteindelijk niet de bedoeling zoveel mogelijk kennis te spuien, maar om de lezer doelgericht en efficiënt te informeren. Ongetwijfeld kom je bij het bronnenonderzoek veel informatie tegen die op het onderwerp betrekking heeft en interessant is, maar die niet kan bijdragen aan het beantwoorden van deelvragen of onderzoeksvraag (*Vaardigheid 1.4: Besef hebben van de selecterende werking van een onderzoeksvraag*). Wees dan streng en laat deze buiten beschouwing of plaats ze hooguit op de reservebank om later nog eens te bekijken als het onderzoek (in concept) is afgerond.

> » Het is nooit met zekerheid te zeggen of alle informatie die relevant is, ook is gevonden. De kans dat je een cruciale bron over het hoofd hebt gezien, is altijd aanwezig, maar is door zorgvuldig en goed bronnenonderzoek natuurlijk wel te minimaliseren.

FASE 3: MATERIAAL BEOORDELEN

1. Selecteren van bruikbare bronnen

De gevonden informatie moet nu nader worden bekeken, wat betekent: lezen. Begin daarbij met de bronnen in de categorie 'waarschijnlijk of vrijwel zeker bruikbaar'. Lezen kan op verschillende manieren, al naar gelang het doel, bijvoorbeeld zoekend (vind ik een antwoord?), grondig (wat houdt dat antwoord precies in?) of kritisch (klopt dat antwoord wel?). In deze fase van het onderzoek is het raadzaam nog even 'diagonaal' te lezen: zoekend en inventariserend, de informatie taxerend op bruikbaarheid voor je onderzoek (*Vaardigheid 3.1: Identificeren van bronnen die kunnen worden gebruikt*). Bekijk van boeken bijvoorbeeld de inhoudsopgave, lees van artikelen de inleiding, conclusie en eventuele samenvatting (soms in een header) en van rechtspraak de cursiefjes. Het is een misverstand te denken dat alle informatie meteen en in zijn geheel moet worden bestudeerd. Het gaat er in dit stadium van het onderzoek om dat je een selectie maakt van het materiaal dat in aanmerking komt voor grondige bestudering. Dat moet, met het oog op de beschikbare tijd, niet teveel zijn.

2. Gezaghebbendheid van de bronnen

Bij het beoordelen of de gevonden informatie bruikbaar is, speelt het wetenschappelijk karakter en niveau van een tekst uiteraard een grote rol. Als uitgangspunt geldt: probeer zo gezaghebbend mogelijke bronnen te vinden (*Vaardigheid 3.2: Inzicht hebben in het wetenschappelijke karakter, de kwaliteit en de betrouwbaarheid van een tekst*). Denk daarbij ook aan de hiërarchie van bronnen, waarop bij de instructie voor **Fase 2: Materiaal verzamelen** reeds is gewezen. Een rechterlijk oordeel over de betekenis van een wetsbepaling heeft, zeker wanneer dat oordeel van de hoogste rechter afkomstig is, in het algemeen meer gezag dan de (mogelijk andersluidende) uitleg in een wetenschappelijke tekst. Een artikel in het Nederlands Juristenblad (NJB) is in het algemeen te prefereren boven een bijdrage op een internetforum. Probeer altijd primaire bronnen te vinden; als een auteur bijvoorbeeld verwijst naar een uitspraak, dan dien je die uitspraak er bij te pakken.

Je kunt bronnen als studieboeken uit je eerste jaar, woordenboeken, encyclopedieën en niet in de laatste plaats Wikipedia natuurlijk wel gebruiken voor je eigen educatie, maar verwijzing naar zo'n bron in een wetenschappelijke tekst staat vaak ronduit knullig en moet je zoveel mogelijk vermijden (*Vaardigheid 3.4 en 3.5: Algemene en elektronische juridische bronnen kunnen beoordelen*). Neem van internetbronnen, zoals bijvoorbeeld Wikipedia, ook niet klakkeloos aan dat de informatie juist is, of de enige waarheid is. Wees meer in het algemeen kritisch, met name ten opzichte van bronnen die niet door de filter van een peer-review (zoals bij wetenschappelijke tijdschriften en boeken) gekomen zijn.

Ook de auteur of de uitgever van een tekst kunnen een indicatie zijn voor de mate van gezaghebbendheid. Als iemand met een bekende naam in het vakgebied iets beweert, heeft dat meer gezag dan wanneer een onbekend iemand hetzelfde zegt. Ook de plaats waar de informatie te vinden is (bijvoorbeeld in een wetenschappelijk tijdschrift of een krant, in een handboek of in een studieboek) zegt iets over de mate van gezaghebbendheid. Bedenk echter dat de kracht van het argument belangrijker is dan het gezag van de persoon of bron (zie **Fase 5: Argumentatie opbouwen**, § 2.5).

3. Rechtswetenschappelijk en ander wetenschappelijk onderzoek

Voor de evaluatie van een bron is het ook belangrijk om te weten wat voor soort wetenschappelijk onderzoek het betreft (*Vaardigheid 3.3: Verschil weten tussen rechtwetenschappelijk en ander wetenschappelijk onderzoek*). Als een jurist een bepaalde, normatieve conclusie wil verdedigen, zal hij of zij dat met juridische argumenten moeten onderbouwen. Deze zijn bij voorkeur ontleend aan rechtsbronnen, waaronder rechtswetenschappelijk onderzoek. Afhankelijk van je onderzoeksvraag kan het echter nodig zijn om ook ander dan rechtswetenschappelijk onderzoek te raadplegen, zoals sociaal-wetenschappelijk onderzoek waarin bijvoorbeeld de effecten van een bepaald juridisch instrument zijn gemeten. Aan sociaal-wetenschappelijk onderzoek worden bepaalde eisen gesteld met betrekking tot de verantwoording van de gehanteerde methodologie, die voor rechtswetenschappelijk onderzoek niet zonder meer opgaan. Zeker als het gaat om effectiviteitvragen kan dergelijk onderzoek een waardevolle informatiebron zijn.

4. Leesadviezen

De onderstaande tips zullen je helpen bij het beoordelen van de bronnen, maar zijn overigens ook van nut voor **Fase 4: Onderzoeksverslag structureren** en **Fase 5: Argumentatie opbouwen**.

» **Activeer je voorkennis**
Voor je een tekst gaat bestuderen moet je je afvragen (en evt. opschrijven) wat je al van het onderwerp afweet. Je begrijpt nieuwe informatie namelijk sneller en je houdt deze langer vast als je deze kunt koppelen aan kennis die je al hebt.

» **Lees selectief**
Veel mensen denken dat ze een tekst pas goed bestudeerd hebben als ze het hele verhaal van de eerste tot de laatste letter hebben gelezen. Ze gaan er van uit dat alles in zo'n tekst van belang kan zijn en dus gelezen moet worden. Bovendien denken ze dat ze zich daarbij moeten houden aan de volgorde van de tekst. Dit zijn allemaal onjuiste veronderstellingen. Lang niet alles in een tekst is van belang. Bovendien kun je de belangrijke dingen in een tekst vrij eenvoudig vinden als je weet waar je moet zoeken. De kernpunten van een verhaal of betoog zijn niet willekeurig over de tekst verspreid, maar staan doorgaans op vaste plekken, ook wel 'voorkeurplaatsen' genoemd.

» **Lees zoekend**
Beschouw lezen als zoeken naar een antwoord. Houd bij het lezen dan ook steeds een (deel-)vraag voor ogen. Stel bij elke bladzijde of alinea de vraag 'gaat dit over mijn onderwerp?' en/of 'vind ik er een antwoord op mijn vraag?'. Luidt het antwoord bevestigend dan lees je dat onderdeel grondig. Staat er niets van jouw gading in dan ga je gauw verder naar een volgende passage of onderdeel. Het loont vaak de moeite bij het zoeken naar bruikbare informatie gebruik te maken van de opbouw en de uiterlijke kenmerken van een tekst. Wetenschappelijke teksten bevatten doorgaans allerlei aanwijzingen die je daarbij kunnen helpen.

[1] In de eerste plaats kan je gebruik maken van typografische aanwijzingen. Daarbij moet je denken aan titels, kopjes, vet of cursief gedrukte woorden, onderstrepingen, gedachtestreepjes, witregels, inspringende marges en dergelijke (*Vaardigheid 3.4: Algemene juridische bronnen kunnen beoordelen*).

[2] In de tweede plaats zijn er signaalwoorden. Dat zijn woorden die iets vertellen over:
• De manier waarop de informatie geordend is, bijvoorbeeld 'ten eerste', 'ten tweede'
• Het karakter van de informatie, bijvoorbeeld inleidend, concluderend
• Het belang van de informatie, bijvoorbeeld 'terzijde', 'de essentie is…'
• De verhouding van uitspraken tot elkaar, bijvoorbeeld 'omdat', 'hoewel'

[3] In de derde plaats kan je profiteren van structuuralinea's. Deze geven aan hoe een tekst is opgezet. Bijvoorbeeld: 'Eerst wordt … behandeld, vervolgens …, ten slotte …'

[4] In de vierde plaats zijn er nog de eerdergenoemde voorkeurplaatsen waar je vaak de kerninformatie van een tekst of alinea kan vinden. De meest gebruikte voorkeursplaatsen zijn de inleiding en het slot van de tekst en de eerste en laatste regel van alinea's.

» Lees kritisch

Vraag jezelf bij alles wat je leest af of het verenigbaar is met wat je weet of vindt. Daarbij kun je de volgende vragen gebruiken:
- Klopt het wat je hebt gelezen met de feiten?
- Is een standpunt of conclusie goed beargumenteerd?
- Gaat het wel om een wetenschappelijk toetsbare uitspraak? Met andere woorden: is het een beschrijving van feiten met een logische conclusie, of is het een normatief oordeel waarin niet wordt gezegd hoe iets is maar hoe iets behoort te zijn? En als dit laatste het geval is, wordt het dan onderbouwd op basis van houdbare theorieën? (*Vaardigheid 3.2: Inzicht in het wetenschappelijke karakter, de kwaliteit en de betrouwbaarheid van een tekst*).

Is niet ondubbelzinnig vast te stellen of een uitspraak al dan niet waar is, maak dan in ieder geval aantekeningen over de dingen waaraan je twijfelt, waar je het niet mee eens bent, of die je onduidelijk of vaag geformuleerd vindt. Misschien kan je zelf een alternatief bedenken; formuleer dan je bezwaren en schrijf op wat volgens jou een betere optie is. Let ook op de vraagstelling en de opbouw van (een deel van) een tekst. Zijn de afzonderlijke delen in orde en passen ze wel bij elkaar? Wat je hebt gedaan bij het onderzoeksplan (**Fase 1: Onderzoek voorbereiden**), kun je nu gebruiken om de schrijver van het stuk kritisch te beoordelen. Wat is de doelstelling van die schrijver? Welke soort onderzoeksvraag heeft zij gekozen (bijvoorbeeld: beschrijvend, vergelijkend, verklarend etc.)? Stelt zij daarbij de juiste deelvragen en geeft zij daarvoor relevante antwoorden?

» Lees 'met de pen'

Ten slotte is het verstandig om als je leest altijd pen en papier bij de hand te houden om de tekst te markeren en om aantekeningen te maken (uiteraard niet in geleende boeken!). Hier wordt verstaan het onderstrepen, 'highlighten' en omcirkelen van woorden, alsook het zetten van strepen, uitroeptekens en vraagtekens in de kantlijn. Dergelijke markeringen bevorderen niet alleen de concentratie, maar ook het inzicht in de opbouw van een tekst. Daarnaast zal het nodig zijn om aantekeningen te maken wanneer je jouw onderzoeksverslag gaat schrijven. Noteer alle informatie die je kunt gebruiken om de (deel)vragen te beantwoorden: invallen, vragen, verbanden, dingen die opvallen, de betekenis van moeilijke woorden, enzovoort. Zonodig vat je de onderwerpen en de opbouw van (een onderdeel van) een tekst schematisch samen.

Nadat je alle bronnen hebt verzameld en hebt beoordeeld welke bronnen bruikbaar zijn voor jouw onderzoeksvraag, moet je het materiaal ordenen en analyseren.

HOOFDSTUK II ONDERZOEKSINSTRUCTIE

FASE 4: ONDERZOEKSVERSLAG STRUCTUREREN

---

1. De structuur van een onderzoeksverslag

Het materiaal dat je hebt verzameld ter beantwoording van de onderzoeksvraag, zul je op een gegeven moment moeten ordenen. Daarbij let je uiteraard op de inhoud: wat moet erin en wat moet waar? Een goede – selecterende – onderzoeksvraag en een logische volgorde van deelvragen (zie **Fase 1: Onderzoek voorbereiden**), zijn hiervoor uitermate functioneel. Ongeacht de inhoud kent elk onderzoeksverslag een bepaalde (tekst)structuur. De hoofdonderdelen van een onderzoeksverslag bestaan uit:
- een inleiding (§2)
- een middenstuk (§3)
- een afsluiting (§4)

2. Inleiding

De inleiding moet helder maken wat de lezer in de rest van het onderzoeksverslag kan verwachten. De inleiding geeft aan 'waarom', 'wat' en 'hoe': waarom een onderwerp onderzocht is (aanleiding en context), wat precies aan dat onderwerp onderzocht is (onderzoeksvraag en deelvragen) en hoe dat onderwerp onderzocht is (structuur en methodologie) (*Vaardigheid 4.1: Inzicht hebben in de functie van een inleiding*). De beoordelingscriteria voor de inleiding zijn in **Hoofdstuk III: Beoordeling**, §4.1 weergegeven.

2.1 'Waarom': aanleiding en context
Je begint je inleiding doorgaans met een aantrekkelijke schets van het onderwerp. Je kunt dit bijvoorbeeld doen naar aanleiding van een actuele rechterlijke uitspraak, een discussie in het parlement of een interessante opinie in een tijdschrift. Je geeft, met andere woorden, het belang van je onderzoek aan (*Vaardigheid 4.2: Maken van een inleiding*).

> T. Loenen begint de inleiding van haar boek *Geloof in het geding, Juridische grenzen van religieus pluralisme in het perspectief van mensenrechten*, Den Haag: Sdu 2006, met een aantal actuele discussievragen over religieus pluralisme. Daarvan worden hier enkele weergegeven:
>
> 'Dient een openbare school tegemoet te komen aan islamitische ouders die niet willen dat hun dochter zonder hoofddoek of in korte broek deelneemt aan de gymles?[...] Moet het voor overheidsdienaren, inclusief politieagenten en rechters, toegestaan zijn om in de uitoefening van hun functie een hoofddoek te dragen?'

2.2 'Wat': onderzoeksvraag en deelvragen
Je onderzoeksvraag en deelvragen dienen in de inleiding van een onderzoeksverslag opgenomen te worden. Dit kan doorgaans worden gedaan door naar aanleiding van de bovengenoemde schets van het onderwerp tot een afgebakende onderzoeksvraag te komen, die je vervolgens uitwerkt in een aantal deelvragen (*Vaardigheid 4.2: Maken van een inleiding*).

> Naar aanleiding van de door Loenen opgeworpen vragen bakent zij het onderwerp nader af. De discussievragen gaan over de grenzen van het nieuwe religieuze pluralisme dat in Nederland is ontstaan met de groei en aanwezigheid van grote groepen moslims. De auteur zoomt vervolgens verder in: zij wil het hebben over de grenzen die door het recht, of meer specifiek mensenrechten, aan religieus pluralisme gesteld kunnen worden. De onderzoeksvraag ligt dan min of meer voor de hand:

> Deze studie neemt deze mensenrechtelijke normen als invalshoek om te bezien in hoeverre en waar aan religieus pluralisme beperkingen mogen dan wel moeten worden gesteld.

In de inleiding zul je verder een globale onderzoeksopzet aantreffen: welke onderzochte onderwerpen of problemen kan de lezer, gezien de onderzoeksvraag en deelvragen (in welke volgorde) verwachten? Je bakent ook, voor zover dat niet in je onderzoeksvragen kan, je onderwerp nader af. Je legt dus niet alleen uit wat je wel gaat behandelen, maar ook wat je niet zult behandelen en voor zover nodig waarom niet. Als dat nodig is verhelder je ook begrippen, tenzij dit te veel ruimte vergt (bijvoorbeeld omdat je onderzoek juist over bepaalde begrippen gaat).

> Loenen verheldert en bakent ook af. Ze zegt dat ze onder recht zowel nationaal recht als Europees recht verstaat. Ze behandelt dus geen ander internationaal recht dan Europees recht. Zij meldt ook dat hoewel cultureel pluralisme niet scherp te scheiden is van religieus pluralisme, zij overwegend culturele uitingen van pluralisme zoals eerwraak of vrouwenbesnijdenis buiten beschouwing zal laten.

2.3 'Hoe': methodologie en structuur

Je geeft daarnaast meestal aan welke methode je hebt gebruikt om tot de beantwoording van je vraag te komen (*Vaardigheid 4.2: Maken van een inleiding*). Omdat een rechtswetenschappelijk onderzoek meestal bestaat uit onderzoek naar literatuur en rechtsbronnen wordt dit vaak niet vermeld. Toch is het zinnig om te verantwoorden welk soort literatuur of rechtsbronnen (bijvoorbeeld: alleen academische literatuur, alleen strafrechtelijke jurisprudentie) je hebt onderzocht en voor zover relevant op welke manier (bijvoorbeeld op expliciete of impliciete verwoording van een bepaald probleem).

Je gekozen methodologie zal afhankelijk zijn van het type onderzoeksvraag en de bijbehorende deelvragen waarvoor je gekozen hebt. Denk bijvoorbeeld aan het verantwoorden van je jurisdicties bij rechtsvergelijkend onderzoek of de criteria die je gebruikt bij het zoeken naar uitspraken voor een jurisprudentieonderzoek (zie **Fase 1: Onderzoek voorbereiden**).

Ten slotte geeft de inleiding als een soort leeswijzer aan hoe je onderzoeksverslag is opgebouwd (per hoofdstuk/paragraaf). Vaak zie je dat deze vooruitblik op de tekstopbouw samen gaat met de weergave van de globale onderzoeksopzet.

> Een voorbeeld van een combinatie van een globale onderzoeksopzet met leeswijzer in een inleiding staat in een tijdschriftartikel, waarin de vraag wordt besproken in hoeverre de overheid de gemakkelijk te verkrijgen DNA-(zelf)tests aan banden moet leggen ter bescherming van de gezondheid van de consument en ter bescherming van de rechten en vrijheid van anderen:
> 'Voor een goed begrip van de materie opent deze bijdrage met een toelichting op de wijze waarop DNA-(zelf)diagnostiek kan bijdragen aan het opsporen van dragerschap of (latent) aanwezige ziekten waarbij de betrokkenen voordeel kunnen hebben (paragraaf 2). Aansluitend volgt een beschrijving van de betekenis(sen) van de beginselen van autonomie en bescherming in de literatuur, verdragen inzake de rechten van de mens en de rechtspraak van het EHRM (paragraaf 3). Vervolgens bespreken wij de relevante wet- en regelgeving in Nederland en de implicaties hiervan voor DNA-(zelf)tests (paragraaf 4). Het geheel sluiten we af met een discussieparagraaf over de vraag of het reguleren van de toegang tot DNA-(zelf)tests mensenrechtelijk gezien (niet) mag of moet (paragraaf 5) en enkele conclusies (paragraaf 6).'[1]

---

1. R. van Hellemondt, A. Hendriks & M. Breuning, 'Vrijheid, blijheid? Het reguleren van DNA-diagnostiek in de zorg vanuit mensenrechtelijk perspectief', *Nederlands Tijdschrift voor de Mensenrechten/NJCM-Bulletin* 2010, p. 7-8.

Hoofdstuk II Onderzoeksinstructie

3. Middenstuk

Het middenstuk vormt de kern van het onderzoeksverslag (*Vaardigheid 4.3: Inzicht hebben in de functie van een middenstuk*). In deze kern worden de deelvragen gestructureerd en beargumenteerd beantwoord.

Zoals de structuur van het gehele onderzoeksverslag duidelijk moet zijn, zo geldt dat ook voor onderdelen van de tekst, dus ook voor het middenstuk. De structuur kan helder worden gemaakt door duidelijke inhoudelijke eenheden in het middenstuk aan te brengen. Bij langere onderzoeksverslagen is de grootste eenheid een hoofdstuk (met inleiding, kern en conclusie), bij kortere papers kan volstaan worden met paragrafen (*Vaardigheid 4.4: Maken van een middenstuk*). De beoordelingscriteria voor het middenstuk zijn in **Hoofdstuk III: Beoordeling**, §4.2 weergegeven.

» Vaak kan een hoofdstuk- of paragraafindeling gemaakt worden aan de hand van je onderzoeksvraag en de daaruit voortvloeiende deelvragen
» Vermijd titels in vraagvorm

Het soort onderzoeksvraag kan je enige richting geven voor de structurering van het middenstuk in hoofdstukken en/of paragrafen (zie ook: **Fase 1: Onderzoek voorbereiden**, vooral de uitleg bij *Vaardigheid 1.15: Van onderzoeksvraag een hoofdstuk- en paragraafindeling kunnen maken*). Zo ligt het voor de hand om een vergelijkende onderzoeksvraag, waarbij je twee of meer verschijnselen met elkaar vergelijkt, te beantwoorden in ten minste twee hoofdstukken of paragrafen over de afzonderlijke verschijnselen, gevolgd door één à twee hoofdstukken waarin de overeenkomsten en verschillen geanalyseerd worden. Ook het perspectief waarmee je een probleem beschrijft (bij een beschrijvende (deel)vraag) of een probleem evalueert (bij een evaluerende (deel)vraag) kan structurerend werken voor de tekstopbouw in het middenstuk.

> Neem de voorbeelden van de evaluerende onderzoeken in de vorige paragraaf over religieus pluralisme en DNA-(zelf)tests. In beide onderzoeken worden deze kwesties beoordeeld vanuit een mensenrechtelijk perspectief. Daarbij worden zowel mensenrechten op internationaal en/of Europees niveau als mensenrechten op nationaal niveau behandeld. Dit tweeledig perspectief komt tot uiting in de indeling van beide onderzoeksverslagen. Eerst wordt een hoofdstuk of paragraaf gewijd aan de achtergrond of context van het probleem, waarna in twee hoofdstukken of paragrafen achtereenvolgens het internationaal en/of Europees en nationaal mensenrechtelijk perspectief uiteen wordt gezet, gevolgd door een hoofdstuk of paragraaf waarin deze perspectieven worden geëvalueerd.

Langere stukken tekst met meerdere inhoudelijke onderdelen binnen één paragraaf kunnen onderscheiden worden door tussenkopjes.

» Bedenk wel dat tussenkopjes de lading van de tekstonderdelen moeten dekken en dat de tekstonderdelen begrijpelijk zijn ook zonder tussenkopjes. Tussenkopjes zijn een ordenend hulpmiddel, zij vormen geen onderdeel van de inhoud. Je zou kunnen overwegen om hoofdstukken af te ronden met korte subconclusies of beschouwingen.

Inhoudelijke onderdelen moeten verder gestructureerd worden met behulp van alinea's. Een hele pagina zonder alinea's moet je vermijden. Een alinea kan in lengte variëren, maar bevat gemiddeld 6 à 7 zinnen. Alinea's bevatten één kernidee of thema, zoals een nieuw argument, een nieuwe tijdsfase of een ander criterium. De eerste zin bevat doorgaans het kernidee, gevolgd door de uitwerking ervan.

De inhoudelijke onderdelen in een tekst dienen niet los van elkaar te staan. Om de relatie tussen inhoudelijke onderdelen te verhelderen, kunnen signaalwoorden en verbindingswoorden worden gebruikt ('Ten eerste', 'Ten tweede', 'Verder', 'Daarentegen', 'Anders dan', 'Ten slotte' etc.). Je kunt hiervoor dezelfde technieken gebruiken als besproken in **Fase 3: Materiaal beoordelen** aan de orde zijn geweest ten aanzien van het lezen van het werk van anderen.

4. Afsluiting

De conclusie bevat een overzicht van de antwoorden op de deelvragen en de hoofdvraag. Een lezer die snel een indruk wil krijgen wat je hebt onderzocht, moet kunnen volstaan met het lezen van de inleiding en de conclusie. De conclusie moet dus echt alle antwoorden bevatten op de deelvragen die je in de inleiding hebt geïntroduceerd (*Vaardigheid 4.5: Inzicht hebben in de functie van een afsluiting*). Dit betekent ook dat de conclusie beperkt moet worden tot informatie die direct uit je onderzoekvraag voortvloeit. De beoordelingscriteria voor de afsluiting zijn in **Hoofdstuk III: Beoordeling**, §4.3 weergegeven.

Vanzelfsprekend betekent dat ook dat de antwoorden moeten aansluiten op de soort onderzoeksvraag. Als de conclusie een beschrijvend antwoord geeft op een evaluatieve vraag, dan is er onderweg naar de conclusie iets mis gegaan. Een evaluatieve vraag dient immers altijd evaluatief te worden beantwoord, anders is je argumentatie niet adequaat (zie **Hoofdstuk III: Beoordeling**, §5.5).

De antwoorden op de deelvragen moeten niet opgesomd worden, maar herkenbaar zijn in een overkoepelende analyse, waarin je de belangrijkste uitkomsten van je onderzoek presenteert. Deze overkoepelende analyse is meer dan een samenvatting (*Vaardigheid 4.6: Maken van een afsluiting*).

> 'De conclusie is dat de wijze waarop artikel 31 Europese Insolventieverordening (IVO) thans is uitgewerkt onvoldoende basis biedt voor een efficiënte en doelmatige afwikkeling van grensoverschrijdende insolventieprocedures in Europa. De samenwerkingsplicht die geldt tussen curatoren uit artikel 31 IVO behoeft nadere concretisering, omdat de huidige formulering te weinig duidelijkheid biedt aan praktijkbeoefenaars. Daarnaast bevat artikel 31 IVO drie lacunes. Ten eerste (....), Ten tweede (...) Ten slotte (...). Zodoende kunnen rechtbanken zelf oordelen of eventuele samenwerking met betrokken rechtbanken uit andere Lidstaten ertoe bijdraagt dat de boedel in een grensoverschrijdende insolventieprocedure effectief en doelmatig wordt afgewikkeld.'[2]

Vanzelfsprekend dient de analyse te leiden tot een antwoord op je hoofdvraag.

» Wees beducht voor te snelle conclusies ('jumping to conclusions') en voor te algemene conclusies, bijvoorbeeld over 'het' vertrouwen in 'de' rechtspraak in Nederland
» Draag in de conclusie geen nieuwe informatie aan
» Kijk heel goed naar de voorbeelden en uitleg in **Fase 5: Argumentatie opbouwen**

Het kan zijn dat je analyse ertoe leidt dat je constateert dat er nog discussiepunten zijn. Die mag je gerust noemen. Ook is het mogelijk dat je constateert dat er op sommige onderdelen nog nader onderzoek nodig is. Noem dan die onderdelen.

---

2. George ten Hagen, 'De samenwerkingsplicht tussen curatoren in Europa', *Juncto* (*Departementsblad Universiteit Utrecht*) 21.3, p. 52.

Hoofdstuk II Onderzoeksinstructie

Fase 5: Opbouw argumentatie

1. Inleiding

De bedoeling van het doen van onderzoek is dat je een onderbouwde beantwoording geeft op een onderzoeksvraag, die vaak is uitgesplitst in meerdere deelvragen. Deze onderbouwing kan bijvoorbeeld bestaan uit beschrijvende 'bouwstenen' in geval van een beschrijvende vraag of causale of redengevende 'bouwstenen' in geval van een verklarende vraag (zie *Vaardigheid 1.5: Weten welke verschillende soorten onderzoeksvragen er zijn*). Al deze beschrijvende of verklarende bouwstenen of uitspraken ter beantwoording van je een deelvraag noemen we argumenten. Het antwoord wordt een conclusie of standpunt genoemd. Deze argumenten moeten echter wel betrekking hebben op je deelvragen, waardoor het in feite ook betrekking moet hebben op je onderzoeksvraag (*Vaardigheid 5.1: Koppeling maken met de onderzoeksvraag*).

In de wetenschappelijke wereld wordt verwacht dat je standpunten onderbouwt met argumenten. Je mag niet 'zomaar' wat meningen verkondigen of uitspraken rondstrooien. Een voorbeeld:

> 'Gesteld is wel dat belastingfraude alleen via Europese regelgeving kan worden bestreden. Deze stelling is, naar mijn mening, echter volledig onjuist. Op geen enkele wijze kan namelijk worden gegarandeerd dat belastingfraude via verordeningen en richtlijnen van de EU effectief kan worden aangepakt. Bovendien vormt een dergelijke benadering ook geen praktische oplossing van het probleem.'

Hier wordt gesteld dat iets 'volledig onjuist', 'niet effectief' en 'niet praktisch' is. Dit zijn duidelijk meningen, maar er worden ten onrechte geen argumenten voor gegeven.

De combinatie van argumenten en conclusie of standpunt vormt een argumentatie of redenering. Daarbij kan een (tussen)conclusie of (tussen)standpunt weer een bouwsteen of argument vormen voor een volgende conclusie, etc. Zo vormen argumenten en antwoorden op deelvragen samen een argumentatie. De antwoorden op de deelvragen zijn tussenconclusies of tussenstandpunten. Deze vormen als zodanig ook bouwstenen voor de beantwoording van de hoofdvraag. Een onderzoeksverslag bestaat hierdoor uit een reeks van argumentaties. Dat noemt men een meervoudige of complexe argumentatie. Omdat er een hiërarchie zit in tussenconclusie en eindconclusie spreekt men van onderschikkende argumentatie.

2. Analyseren van argumenten

Argumenten zijn uitspraken die een (tussen)standpunt of (tussen)conclusie aannemelijk of aanvaardbaar moeten maken. Het is dus zaak om uitspraken aan te voeren die voldoende, relevant en in hun onderlinge samenhang overtuigend zijn voor een conclusie (zie **Hoofdstuk III: Beoordeling**, §5). Daarvoor heb je vaak gedegen kennis nodig van het onderwerp waarover je een uitspraak wil doen (*Vaardigheid 5.2: Identificeren van argumenten voor en tegen bepaalde standpunten*). Eveneens noodzakelijk is het vermogen om kritisch je eigen tekst (en die van anderen) te analyseren en te beoordelen.

> Voorbeelden van kritische vragen met betrekking tot je eigen tekst zijn:
> - Heb ik voldoende argumenten aangevoerd voor de beantwoording van de onderzoeksvraag of (deel)vraag, dus bevat mijn argumentatie geen hiaten?
> - Geef ik geen argumenten die overbodig zijn voor het standpunt, die dus eigenlijk over iets anders gaan?

> - Heb ik de argumenten voldoende precies en begrijpelijk geformuleerd; heb ik bijvoorbeeld vage of onduidelijke termen voldoende uitgelegd?
> - Klopt mijn redenering wel? Is zij logisch geldig? Gebruik ik geen drogredenen?

2.1 Voldoende argumentatie

» Als je de reikwijdte van godsdienstvrijheid wilt vaststellen, kun je beter niet alleen de Grondwetsbepaling aanhalen. Dat is niet voldoende. Je moet ook andere wetsartikelen, wetsgeschiedenis, jurisprudentie en literatuur erop naslaan. Bovendien zijn voor de reikwijdte van godsdienstvrijheid internationale rechtsbronnen relevant.

» Als je de wenselijkheid van iets wilt aantonen, kan je niet volstaan met het opsommen van de voordelen. Je zult ook de nadelen moeten noemen en beredeneren – aan de hand van criteria – dat de voordelen de nadelen overtreffen.

» Als je de stand van zaken in de literatuur wilt beschrijven, mag je niet volstaan met enkele publicaties die je 'toevallig' bent tegen gekomen. Dat ondermijnt de betrouwbaarheid en overtuigingskracht van je onderzoek.

2.2 Relevante argumentatie

» Als je wilt betogen dat een corrigerende tik van een ouder aan een kind strafbaar is, moet je uitspraken aanvoeren uit strafrechtelijke jurisprudentie, literatuur etc. maar niet – of niet zonder nadere argumentatie – je baseren op de civielrechtelijke plicht van ouders om hun kinderen geen geweld aan te doen.

» Als je een beschrijving van iets geeft, dan past daar geen normatieve beoordeling bij.

2.3 Overtuigende argumentatie

» Als het voor de beantwoording van een deelvraag belangrijk is dat je een juridische term verheldert mag je Wikipedia niet gebruiken en is het ook niet gezaghebbend om je op een woordenboekdefinitie te baseren. Ook hier zijn rechtsbronnen (bijvoorbeeld definitiebepalingen in wetten) wel valide en daardoor verreweg meer overtuigend. Als rechtsbronnen geen aanknopingspunten verschaffen, zal een omschrijving uit een rechtswetenschappelijke tekst moeten worden gebruikt.

» Als je een term gebruikt, moet je die in dezelfde betekenis hanteren of duidelijk aangeven wanneer een andere betekenis wordt gebruikt. Je moet dus niet gaan goochelen met termen. Kindermishandeling kan in een beleidsnota bijvoorbeeld een ruimere betekenis hebben dan in een strafrechtelijke context.

» Vermijd vaagheden of algemeenheden. Zie het volgende citaat:

'Gesteld is wel dat belastingfraude alleen via Europese regelgeving kan worden bestreden. Deze stelling weerspiegelt, naar mijn mening, echter een te eenzijdige benadering van de aanpak van Europese belastingfraude. De bevoegdheden van de Europese Unie kunnen namelijk niet op voldoende wijze garanderen dat belastingfraude effectief kan worden bestreden. Bovendien is vooralsnog, vanwege de structuur van de Unie een dergelijke benadering ook geen praktische oplossing van het probleem'.

Dit citaat is een variant op het voorbeeld waarin slechts meningen werden verkondigd. Er zijn twee verschillen met het 'meningen voorbeeld'. Het standpunt is afgezwakt (van 'volledig onjuist' naar 'een te eenzijdige benadering' en er worden nu meer genuanceerde argumenten gegeven ('niet op voldoende wijze' en 'vooralsnog'). Het spreekt voor zich dat stellig geformuleerde standpunten een sterke onderbouwing vragen.

In dit afgezwakte citaat worden, in tegenstelling tot het eerdere 'meningen citaat', wel argumenten gegeven – er wordt verwezen naar de bevoegdheden en de structuur van

Hoofdstuk II Onderzoeksinstructie

de Europese Unie – maar deze argumenten ondersteunen de stelling onvoldoende om er een overtuigende redenering van te maken. Waarom kunnen 'de' bevoegdheden en 'de' structuur van de Europese Unie noch een effectieve noch een praktische oplossing van het probleem garanderen; wat zijn dan de beperkingen van die bevoegdheden en structuur en hoe staan die in relatie tot de 'effectiviteit' en de 'praktijk'?

Als je het verwijt krijgt dat je onderzoeksverslag oppervlakkig is, betekent dat veelal dat het onderzoek niet overtuigt omdat je te weinig gedetailleerde bouwstenen hebt gebruikt en dat wijst er vaak op dat je onvoldoende argumenten hebt gebruikt.

2.4 Drogredenen

Een drogreden is een reden die niet klopt, waardoor de logische geldigheid of aanvaardbaarheid van een argumentatie wordt ondermijnd. Er zijn vele soorten drogredenen. Op deze plaats voert het te ver om drogredenen uitputtend te behandelen. Er wordt volstaan met enkele voorbeelden van veel voorkomende drogredenen.

> » Er wordt aangenomen dat een stelling waar is, omdat de onwaarheid niet is gebleken. Of andersom: een stelling wordt beschouwd als onwaar, omdat de waarheid niet is gebleken. Deze drogreden komt voor in de voorbeelden over de bestrijding van belastingfraude via Europese regelgeving. Dit is het duidelijkst in het 'meningen voorbeeld': daarin wordt de stelling over de bestrijding via Europese regelgeving betwist omdat niet gegarandeerd kan worden dat Europese regelgeving belastingfraude effectief kan bestrijden.
> » Alternatieve verklaringen of oplossingen worden over het hoofd gezien. Uit het feit dat er lange tijd geen vervolgingen voor godslastering hebben plaats gehad, kan niet geconcludeerd worden dat het Openbaar Ministerie het niet opportuun vond om het te vervolgen. Het kan immers ook zo zijn dat de politie er niets mee heeft gedaan.
> » De drogreden van overhaaste generalisatie: er wordt iets algemeens geconcludeerd uit enkele gevallen. Dit doet zich bijvoorbeeld voor als uit slechts enkele meningen uit de literatuur of uit een enkele rechterlijke uitspraak een algemene lijn wordt afgeleid.
> » De autoriteitsdrogreden: de autoriteit van een persoon, instantie of bron wordt gebruikt om de juistheid van een stelling te onderbouwen, terwijl deze persoon, stelling of bron door de lezer niet als autoriteit wordt geaccepteerd. Als de autoriteit niet door de lezer wordt geaccepteerd, dan valt de onderbouwing van het standpunt weg.

2.5 Autoriteitsargumenten

In de rechtswetenschap worden vaak autoriteitsargumenten gebruikt. Denk aan verwijzingen naar uitspraken van hoge rechterlijke colleges als Hoge Raad, Afdeling bestuursrechtspraak van de Raad van State en Europese rechters. Deze verwijzingen zullen echter alleen autoriteit hebben als zij bijvoorbeeld recent zijn en aangeven hoe het recht luidt (en niet voor een argumentatie hoe het recht zou moeten luiden). Uiteraard dienen deze verwijzingen correct te gebeuren (zie **Fase 6: Onderzoek rapporteren**, § 5.5).

Er zijn ook autoriteiten binnen de rechtswetenschap: specialisten op een bepaald terrein en andere gezaghebbende auteurs. Hoewel deze wellicht als autoriteit naar voren geschoven kunnen worden, is het beter om daar niet van uit te gaan. In de (rechts)wetenschap gaat het immers primair om de kracht van het argument en niet om het gezag van de persoon. De kracht van het argument, zo mag duidelijk zijn, wordt gevormd door voldoende, relevante en overtuigende argumentaties. Zoals je kritisch je eigen teksten daarop moet beoordelen, zo moet je dat ook bij teksten van anderen doen.

Er zijn wel enkele aanwijzingen te geven. Je mag ervan uitgaan dat alle in universiteitsbibliotheken aanwezige bronnen kunnen worden gebruikt voor jouw onderzoek. Blijf echter kritisch! (zie *Vaardigheid 3.2: Inzicht in het wetenschappelijke karakter, de kwaliteit en de betrouwbaarheid van een tekst*).

Zo zijn studieboeken uit je eerste studiejaar minder gezaghebbend dan handboeken, die je in latere jaren tegen kunt komen en die ook door wetenschappers worden gebruikt. Deze zijn doorgaans gedetailleerder en hebben meer diepgang. Tijdschriften kunnen verschillende status hebben: beogen ze wetenschappelijk verantwoorde artikelen te publiceren of geven zij korte opinies of praktische informatie voor de beroepspraktijk?

3. Structureren van argumenten

Het spreekt vanzelf dat er geen tegenstrijdigheden in je argumentatie mogen zitten. Ook mogen er geen hiaten in je argumentatie voorkomen; je argumentatie moet volledig zijn.

In dit verband kan het onderscheid tussen afhankelijke en onafhankelijke argumentatie handig zijn. Men spreekt van afhankelijke argumentatie als elk argument afzonderlijk het standpunt niet kan dragen, maar gezamenlijk wel.

> Als je wilt beargumenteren dat een persoon aansprakelijk is voor schade op grond van een onrechtmatige daad, kun je niet volstaan met het onderbouwen van de onrechtmatigheid van de daad. Je zult meer bouwstenen moeten aandragen, zoals dat de daad onrechtmatig is jegens het slachtoffer, dat de schade is veroorzaakt is door de onrechtmatige daad en dat deze toegerekend kan worden aan de betreffende persoon.
>
> Al deze bouwstenen zijn nodig voor de conclusie van aansprakelijkheid op grond van onrechtmatige daad. Als je een argument weglaat ontstaat er een hiaat in je argumentatie.

Hiaten zul je niet aantreffen in een onafhankelijke argumentatie. Dat is een argumentatie waarin elk argument afzonderlijk voldoende is als zelfstandige onderbouwing van het standpunt.

> Zo kan men gelijke behandeling van mannen en vrouwen onderbouwen met morele argumenten (menselijke waardigheid), juridische argumenten (met verwijzing naar internationale en nationale mensenrechtennormen) en economische argumenten (verspilling van 'human capital'). Elk (soort) argument kan het standpunt dragen. Er worden echter meerdere argumenten gegeven om de argumentatie overtuigender te maken. Het weglaten van een (zwakker) argument levert geen hiaat op.

Herhalingen dien je te voorkomen, maar je mag ter wille van de leesbaarheid wel recapituleren.

Hierboven is al iets gezegd over autoriteiten binnen de rechtswetenschap. Er is vermeld dat het primair gaat om de kracht van het argument en niet zozeer om het gezag van de persoon. Dit betekent doorgaans dat het niet zozeer gaat om wie iets heeft gezegd, maar wat er is gezegd. Dit brengt veelal met zich dat een opsomming van opvattingen van auteurs niet de meest geëigende manier is om een standpunt te onderbouwen. Het is beter is om – de onafhankelijke – argumenten van auteurs te rangschikken in soorten inhoudelijke argumenten (*Vaardigheid 5.4: Structureren van argumenten naar betekenis en prioriteiten*).

Als je wilt onderzoeken wat de grenzen van de rechtsvormende taak van de rechter zijn, moet je niet de argumenten van de auteurs A t/m H achtereenvolgens behandelen, maar geef je bijvoorbeeld aan dat de Trias politica een aantal principiële grenzen stelt, hetgeen je vervolgens specificeert en waarbij je in voetnoten vermeldt welke auteurs dat argument naar voren hebben gebracht. Je kunt dan vervolgen met praktische grenzen, die je vervolgens uitsplitst en de auteurs noemt die de genoemde praktische grenzen onder de aandacht hebben gebracht.

Het rubriceren van argumenten heeft niet alleen betrekking op het rangschikken van soorten argumenten, maar ook op het gewicht van de argumenten. Geef duidelijk aan wat hoofdargumenten en nevenargumenten zijn en waarom (*Vaardigheid 5.3: Analyseren en afwegen van argumenten*). Houd voor het structureren van argumenten ook in de gaten of er sprake is van onderschikkende argumenten (zie de Inleiding van dit hoofdstuk). Orden je argumenten in tekstonderdelen, zoals paragrafen en alinea's (zie **Fase 4: Onderzoeksverslag structureren**).

> » Wil je meer weten over juridische argumentatie, zie: T.E. Rosier en A. Soeteman, *Met kracht van argumenten. Een inleiding tot het beoordelen van juridische argumentaties*, Nijmegen: Ars Aequi Libri 2010.

4. Eigen inbreng en informatie van anderen

Voor de aannemelijkheid, aanvaardbaarheid alsmede de betrouwbaarheid van je betoog is het verder uitermate belangrijk dat je duidelijk maakt wat je zelf hebt bedacht en welke informatie je ontleent aan anderen. In beide gevallen moet de uitspraak gefundeerd zijn. Je moet je eigen opvatting nader onderbouwen: op welke informatie en overwegingen is die gebaseerd? De opvattingen van of informatie ontleend aan anderen mag je alleen gebruiken als die onderbouwd zijn. In de (rechts)wetenschap gaat het over meningen en informatie die wetenschappelijk verantwoord tot stand gekomen zijn. Dus: op grond van bestudering van de relevante (rechts)bronnen en de relevante (juridische) literatuur. Van een gefundeerde mening is duidelijk op welke wijze deze tot stand gekomen is.

Om aan te geven dat je informatie aan anderen hebt ontleend is **altijd** bronvermelding vereist: van wie is de tekst afkomstig en waar is deze gepubliceerd. De lezer moet kunnen controleren wat de informatie van anderen inhoudt en of je die juist hebt weergegeven. Bronvermelding gebeurt doorgaans in voetnoten en in een literatuurlijst (zie *Vaardigheid 6.9: Bronvermelding*). Een bron wordt alleen vermeld als je deze daadwerkelijk geraadpleegd hebt en informatie daaruit gebruikt hebt. Bronnen die je bij anderen tegenkomt, maar die je zelf niet hebt opgezocht, neem je dus niet op in noten of literatuurlijst.

Fase 6: Onderzoek rapporteren

1. Inleiding

Nadat je de verschillende fases van onderzoek hebt doorlopen, is de tijd aangebroken om het onderzoeksverslag te gaan schrijven. Dat lijkt simpeler dan het is: 'schrijf op wat je hebt onderzocht, hoe je dat hebt onderzocht, waarom je dat hebt onderzocht en wat er uitgekomen is'. Toch is het schrijfproces een moeizaam en traag proces. Hoe komt dat? De oorzaak is in vrijwel alle gevallen dat de eerste versie niet de laatste versie is. Vaak werk je per onderdeel (een alinea, een paragraaf, een hoofdstuk) en bij het werken aan het volgend onderdeel kan blijken dat je het eerdere onderdeel moet/wilt aanpassen. Of je hebt nieuwe inzichten verworven, of feedback gekregen. Het schrijven van een onderzoeksverslag kenmerkt zich door revisie, revisie en nog meer revisie. Je moet nadenken over veel verschillende aspecten die allemaal in deze fase aan de orde zullen komen:

1. De *lezers*: voor wie schrijf je eigenlijk en wat weten zij van jouw onderwerp? (§2)
2. De *vorm*: moet je mondeling of schriftelijk presenteren? (§3 en §4)
3. De *inhoud*: wat wil je nu precies betogen? (§4.2)
4. De *structuur*: wat hoort bij elkaar en wat zet je waar? (§4.3)
5. De *verwoording*: hoe schrijf je alles helder en precies op en is het in correct Nederlands verwoord? (§4.4)
6. De *bronvermelding*: wat zijn de regels voor literatuurverwijzingen, voetnoten, zijn alle zinnen van mijzelf? (§5 en §6)

2. Publiekskenmerken

Het publiek waarvoor je schrijft – de doelgroep – bepaalt de stijl, de toon en het niveau van het onderzoeksverslag. Hoewel de kwaliteit van je onderzoek niet verschilt per doelgroep, zullen de door jou gekozen stijl, toon en niveau van grote invloed zijn op de overtuigingskracht van je onderzoeksverslag (*Vaardigheid 6.1: Besef van invloed van doelgroep op vorm van onderzoeksverslag*). Als de leden van je publiek dezelfde achtergrond hebben als jij zullen zij bepaald materiaal zonder moeite begrijpen. Dat betekent dat je niet alles hoeft uit te leggen.

> De stijl van een afstudeerwerk zal anders zijn dan die van een opiniërende editorial voor een wetenschappelijk tijdschrift.
> De stijl van een presentatie voor medestudenten zal anders dan die van een seminar voor advocaten.

Je publiek in je achterhoofd houden is ook belangrijk ten aanzien van de veronderstelde kennis. Schrijf of spreek je over het adoptierecht voor een familierechtelijke advocaat die gespecialiseerd is in het adoptierecht of juist voor een algemeen juridisch publiek? In het eerste geval kan je snel ter zake komen en kun je begrippen en leerstukken van adoptierecht meteen toepassen; in het tweede geval moet je begrippen en leerstukken eerst uitleggen, al dan niet met een voorbeeld, alvorens je de diepte in kan gaan.

De vuistregel is dat je voldoende informatie opneemt om je doel te bereiken. De rest doet niet ter zake en is overbodig. Als je het wel opneemt dan loop je het risico om je lezer te overspoelen met informatie waardoor zijn of haar aandacht kan worden afgeleid. Ook zal het dan moeilijk zijn een duidelijke structuur aan te brengen in je betoog.

Hoofdstuk II Onderzoeksinstructie

3. Mondeling presenteren

Ongeacht wat je functie na de rechtenstudie wordt, je zult op een gegeven moment een mondelinge presentatie moeten geven. Dat kan een pleidooi als advocaat zijn, een presentatie als bedrijfsjurist in een vergadering, etc. Het is dus belangrijk dat je tijdens de studie oefent in mondelinge presentaties; je leert door het regelmatig te doen, te reflecteren op de eigen presentatie en te kijken hoe anderen het doen. Oefening baart kunst.

In een mondelinge presentatie kunnen inhoudelijke en ondersteunende componenten worden onderscheiden. In dit boekje wordt geen uitgebreide aandacht aan deze vaardigheden besteed.
Ten aanzien van de inhoudelijke component van een presentatie tref je hieronder een aantal vuistregels voor een overtuigend betoog.

- » Handhaaf een logische volgorde (inductief, van bijzonder naar algemeen, of deductief, van algemeen naar bijzonder)
- » Formuleer een beperkt aantal sterke, maar controleerbare argumenten
- » Sluit aan bij het publiek, spreek het publiek aan met welgekozen voorbeelden of opmerkingen
- » Anticipeer op tegenargumenten
- » Zorg voor een sympathieke, deskundige en betrouwbare uitstraling[3]

Er zijn veel boeken over het geven van mondelinge presentaties. Als je twijfelt over je kundigheid in het geven van mondelinge presentaties kun je één van de volgende boeken raadplegen.

- » J. Tigchelaar (red.), *Grondslagen van het recht. Deel 3: Vaardigheden*, Den Haag: Boom 2010, Hoofdstuk 7
- » A. Markenhof, M. Bastings & H. Oost, *Een onderzoek presenteren*, Baarn: HB uitgevers 2002
- » A. Broekers-Knol & B. van Klink, *Pleitwijzer, succesvol pleiten in de praktijk*, Amsterdam: B. Bakker 2005
- » I. Smitkamp, *Woorden laten spreken*, Amsterdam: Mediawerf 2009

Als je de presentatie hebt voorbereid, kun je je gaan richten op het presenteren zelf, namelijk de ondersteunde componenten. Denk in elk geval aan de volgende aandachtspunten (*Vaardigheid 6.2: Hulpmiddelen kunnen gebruiken* en *Vaardigheid 6.3: Aandachtspunten bij mondelinge presentaties*):

- » *Presentatie zelf*
  Spreken: Volume   *Gedrag*: Houding
            Articulatie   Gebaren
            Tempo   Oogcontact
            Intonatie

- » *Gebruik van hulpmiddelen*
  Welke hulpmiddelen? Bijvoorbeeld Powerpoint, videoclip, whiteboard etc.
  Voor welke onderdelen van mijn betoog ga ik ze gebruiken?
  Welk effect heeft het hulpmiddel op mijn presentatie? Bijvoorbeeld: leidt het tot meer of juist tot minder interactie?

---

3 Deze lijst is gebaseerd op F. Hilgers & J. Vriens, *Professioneel presenteren. Handleiding bij het voorbereiden en verzorgen van informatieve en overtuigende presentaties*, Den Haag: Sdu 2003, p. 50-53.

De beste manier om je presentatie te evalueren en verbeteren is om te oefenen (*Vaardigheid 6.4: Presentatie oefenen*). In feite oefenen, oefenen, oefenen! Ga eens voor een spiegel staan en houd je voordracht of houd deze ten overstaan van een vriend(in), huisgenoot, familielid etc. en vraag feedback. Of neem jezelf op. Het is leerzaam en nuttig! Het volgen van een presentatiecursus die vaak op de universiteit worden aangeboden, is ook heel leerzaam.

Ten slotte nog het volgende. Wanneer je een bepaalde tijd krijgt voor een presentatie, bijvoorbeeld 10 minuten, oefen dan van tevoren en neem de tijd op. Niets is zo vervelend als wanneer het publiek naar een te lange presentatie moet luisteren en jij jouw verhaal niet kan afmaken omdat de voorzitter of de organisatie je tot afronding maant. Of je publiek verwacht een tijdvullend verhaal en zal ontevreden zijn als je na de helft van de tijd al klaar bent. In beide gevallen komt jouw boodschap niet goed over.

4. Schriftelijk presenteren

4.1 Inleiding
Nobelprijswinnaar Herbert Simon zei over het schrijven:

> 'Iedereen die probeert een boek te schrijven leert al snel dat er een fundamentele onverenigbaarheid is van de simpele lineaire reeks van woorden die hij moet opschrijven en het complexe web van zijn gedachten.'[4]

Het probleem is dat je je gedachten eerst vorm moet geven voordat je daar orde in aan kunt brengen. Dit zijn eigenlijk twee verschillende fases en die dienen apart te worden aangepakt. Verwacht dus niet dat je eerste versie ook meteen je laatste versie zal zijn. Het lukt nooit om alles tegelijkertijd te doen. Probeer dus niet door te schrijven, de inhoud helder te krijgen en tegelijkertijd je tekst te ordenen en je stijl te perfectioneren. Revisie is bovendien eigenlijk een essentieel onderdeel van de onderzoekscyclus. Schrijf daarom een eerste versie om de inhoud helder te krijgen. Nieuwe versies zijn nodig om je tekst te ordenen en wat betreft stijl te perfectioneren. Soms is een tweede versie voldoende, soms heb je wel vier of vijf versies nodig om tot een goed eindresultaat te komen.

4.2 Inhoud
De kwaliteit van een schriftelijk stuk wordt in zeer sterke mate bepaald door de inhoud (*Vaardigheid 6.6: Inhoud*). Door het voorwerk dat je al hebt verricht (**Fases 1-5**), is het beoordelen van de inhoudelijke volledigheid vooral een kwestie van controleren of je inderdaad alles ook opgeschreven hebt. Hier is het van essentieel belang dat je kijkt naar de beoordelingselementen in **Hoofdstuk III: Beoordeling** van dit boek.

Je hebt tijdens het ontwerpen van het onderzoeksplan je onderzoeksvraag constant moeten herzien om ervoor te zorgen dat je onderzoeksvraag precies aangeeft wat je wilt gaan onderzoeken. Tijdens het schrijven van je onderzoeksverslag is dat niet anders. Soms zullen je gedachten ten aanzien van Hoofdstuk 2 pas helemaal uitgekristalliseerd zijn op het moment dat je klaar bent met Hoofdstuk 4. Dit betekent vaak een herziening van Hoofdstuk 2. Soms zal een andere volgorde ten goede komen aan de logische opbouw van je betoog. Wees dus niet bang met het herindelen van je onderzoeksverslag. Onder de noemer 'voortschrijdend inzicht' leiden wijzigingen in structuur, opbouw, of zelfs in de onderzoeksvraag vaak tot een veel beter eindresultaat.

> » Tussentijdse samenvattingen en deelconclusies zullen je dwingen om je hoofdstuk opnieuw te lezen en na te gaan wat de belangrijkste conclusies waren. Op deze wijze wordt het gemakkelijker om aan je eindconclusie te schrijven en antwoord op je onderzoeksvraag te geven.

---

4 H. Simon, *Administrative Behavior: A study in decision making processes in administrative organizations*, New York: MacMillan 1957, p. 21 (eigen vertaling).

Hoofdstuk II Onderzoeksinstructie

Normaal gesproken lees je veel materiaal dat zijdelings relevant is voor je onderwerp. Je moet dus een selectie maken ten aanzien van de informatie die je opneemt en de informatie die je weglaat. Hier is de onderzoeksvraag leidend (zie *Vaardigheid 1.4: Besef hebben van de selecterende werking van een onderzoeksvraag*). Ook factoren zoals de doelgroep en de vorm van verslaglegging zullen hier een rol spelen. Een weloverwogen selectie is noodzakelijk om ervoor te zorgen dat je onderzoeksverslag leesbaar blijft.

4.3 Vorm en lay-out

4.3.1 Hoofdstuk- en paragraafindeling

Rechtswetenschappelijke onderzoeksverslagen bestaan hoofdzakelijk uit tekst. Het is van belang dat deze tekst zo is vormgegeven dat de lezer eenvoudig en snel haar of zijn weg kan vinden (zie **Hoofdstuk III: Beoordeling**, §6.3). Een heldere opbouw met een indeling in hoofdstukken, paragrafen en mogelijk ook subparagrafen helpt hier. Door de nummering van de (sub)paragrafen kan je aangeven welke onderdelen inhoudelijk met elkaar verband houden (*Vaardigheid 6.8: Lay-out*). Zie verder ook **Fase 4: Onderzoeksverslag structureren**, § 3 waar aandacht is besteed aan het maken van een paragraafindeling (zie §3: Middenstuk).

> Voorbeeld van een hoofdstuk- en paragraafindeling
> I. Deel
> 1. Hoofdstuk
> 1.1 Paragraaf
> 1.1.1 Subparagraaf

Ga met onderverdeling van (sub)paragrafen niet zo ver dat je meer dan vier tekens in de paragraafnummering hebt. Niemand weet meer hoe paragraaf 2.5.3.2.1 zich verhoudt tot paragraaf 2.5.2.3.1. Houd het dus maximaal bij 1.2.3.4. Denk je dat je meer tekens nodig hebt, dan moet je je misschien toch gaan afvragen of de opbouw wel juist is.

Voorzie de hoofdstukken en (sub)paragrafen van titels. Een goed gekozen titel geeft de lezer meteen aan wat hij in dat hoofdstuk of die (sub)paragraaf kan verwachten. Het is een 'mini-samenvatting'.

> Een titel als 'Enkele opmerkingen over opzet in het strafrecht' informeert een lezer niet bepaald. Waarover gaan die opmerkingen dan? Ga je in dat hoofdstuk of die paragraaf de gradaties van opzet bespreken, gebruik dan de titel 'Gradaties van opzet'. Vervolgens ligt het voor de hand per paragraaf de verschillende gradaties te bespreken; die paragrafen krijgen dan de titel van de gradatie die daarin wordt behandeld, zoals 'opzet met noodzakelijkheidsbewustzijn' of 'voorwaardelijk opzet'.

Niet alleen de opbouw maar ook de lay-out kan helpen in het overzichtelijk maken van je tekst (zie **Hoofdstuk III: Beoordeling**, §7). Kies een lettertype dat gemakkelijk leesbaar is. Gebruik bijvoorbeeld Calibri, Cambria, Times New Roman, Book Antiqua of Arial. Verander bijvoorbeeld het lettertype, de grootte of de stijl van de titels van hoofdstukken en/of (sub)paragrafen. Wees echter wel voorzichtig; te veel variatie kan juist tot onoverzichtelijker teksten leiden.

> Voorbeeld:
> I. **DEEL**
> 1. **Hoofdstuk**
> *1.1 Paragraaf*
> *1.1.1 Subparagraaf*

Hoewel de uiteindelijke gekozen stijl niet veel uitmaakt, is het wel belangrijk dat je maar één stijl kiest en die vervolgens consequent toepast.

Een goede check is om eens louter naar je inhoudsopgave te kijken. Zou iemand een duidelijk beeld krijgen van de inhoud van het onderzoek op basis van de inhoudsopgave?

> » Voor meer hulp over het maken van heldere titels, zie onder andere:
> E. Tiggeler, *Ars Aequi Taalgids voor Juristen*, Nijmegen: Ars Aequi Libri 2007, §2 en §7

Bedenk echter wel dat een verzorgde lay-out de inhoud niet beter of voldoende maakt. Daarentegen heeft een slordige lay-out wel een negatieve invloed op het eindoordeel.

4.3.2 Bewegwijzering
Een tekst is goed te volgen als de lezer steeds precies weet wat hij of zij aan het lezen is. Door de structuur ook in de tekst uit te leggen, wordt het voor de lezer gemakkelijker om de structuur te begrijpen.

> Voorbeeld:
> 'Het Nederlandse recht komt als eerste aan de orde (Hoofdstuk 2), waarna het Franse stelsel wordt geanalyseerd (Hoofdstuk 3). Tot slot wordt in hoofdstuk 4 wordt aandacht besteed aan diverse internationale regelingen.'

Je ziet dat de verwijzingen naar hoofdstukken (evenzo bij (sub)paragrafen) zowel tussen haken als gewoon in lopend zinsverband kunnen worden opgenomen.

Een ander middel om het de lezer gemakkelijk te maken is om op cruciale punten te beginnen met vertellen waar je het over hebt.

> Voorbeeld:
> In deze paragraaf komen de meest voorkomende leemtes in de Europese regelgeving met betrekking tot terrorismebestrijding aan bod.

4.3.3 Kopteksten
Wanneer een hoofdstuk of paragraaf wat langer is, kun je ook gaan werken met kopteksten bovenaan elke pagina. In die koptekst kun je het hoofdstuk of de paragraaf met de titel vermelden. Aldus kan de lezer op elke pagina zien waar hij of zij zich in het onderzoeksverslag bevindt.

4.4 Taal en stijl
Taal is *het* instrument een jurist. De rechtenstudie is een talige studie. Eén woord of een slordige formulering kan een wereld van verschil maken; er staat opeens wat anders dan jij hebt bedoeld. Realiseer je bij het schrijven dat jij als auteur niet naast de lezer zit om uit te leggen wat er staat. De tekst moet voor zich spreken. De overtuigingskracht van een onderzoeksverslag staat of valt met de manier waarop het verslag is geschreven. Daarom is het bij wetenschappelijk schrijven van groot belang om zeer precies te formuleren wat je bedoelt (zie **Hoofdstuk III: Beoordeling**, §6.2).

> Voorbeeld:
> '... het ontbreken van overeenstemming in de Europese Unie, betekent dat in een aantal lidstaten bepaalde vormen van belastingfraude voorlopig niet strafbaar zijn.'
>
> Onduidelijk blijft hier *wat* met 'ontbreken van overeenstemming' wordt bedoeld (welke overeenstemming, tussen wie) en om *welke* lidstaten het gaat waarin welke vormen van belastingsfraude niet strafbaar zijn.

Hoofdstuk II Onderzoeksinstructie

Het spreekt eigenlijk voor zich dat je taalgebruik correct en zorgvuldig moet zijn (zie **Hoofdstuk III: Beoordeling**, §6.4). Alle woorden moeten correct gespeld zijn en alle zinnen moeten correct opgebouwd zijn. Taalfouten leiden er al heel gauw toe dat de lezer zich gaat ergeren aan jouw tekst en/of dat hij jouw tekst (en daarmee jou) niet serieus neemt. Als je twijfelt over de spelling van een bepaald woord, of je niet zeker weet of een bepaalde zinsconstructie wel kan, is het altijd goed om een taalgids te raadplegen. De spellingcontrole is hierbij niet voldoende. 'Word' en 'wordt' zijn allebei goed gespelde woorden, maar kunnen afhankelijk van de zin toch fout gebruikt worden. Ook als je niet twijfelt, is het altijd goed om de kwaliteit van de taal van je eigen stuk te controleren. (*Vaardigheid 6.7: Correct en zorgvuldig taalgebruik*). Je kunt ook iemand anders vragen om je tekst te controleren op correct Nederlands.

> Zie ook:
> » E. Tiggeler, *Ars Aequi Taalgids voor Juristen*, Nijmegen: Ars Aequi Libri 2007
> » M. Hermans, *De kleine schrijfgids*, Bussum: Coutinho 2006
> » J. Renkema, *Schrijfwijzer*, Den Haag: Sdu 2005
> » Nederlandse Taalunie, *Het Groene Boekje*, Den Haag: Nederlandse Taalunie, 2005, online: http://woordenlijst.org/leidraad/inhoudsopgave/
>
> De eerste twee boeken helpen bij vaak voorkomende fouten in spelling, grammatica en zinsopbouw. De laatste twee bronnen geven wat meer diepgaande informatie en advies over het schrijven van heldere teksten en de Nederlandse spelling.

Objectiviteit is een belangrijk streven in het doen van rechtswetenschappelijk onderzoek (zie **Hoofdstuk III: Beoordeling**, §6.1). Dit kan beter worden bereikt door een tekst onpersoonlijker of afstandelijker te maken.

> » Dit kun je doen door het gebruik van of spreken in de eerste persoon te vermijden, de lijdende vorm te gebruiken en jezelf van subjectieve of normatieve oordelen te onthouden tot de conclusie van een hoofdstuk of het gehele onderzoeksverslag.
> » Gebruik niet steeds de lijdende vorm, maar wissel af met actieve vormen.

> Voorbeeld
> Vier achter elkaar formuleringen als 'zal aandacht worden besteed', 'zal worden behandeld', 'zal worden besproken', 'zal worden onderzocht', is soms zelfs ergerlijk. Je kan gemakkelijk twee van deze formuleringen vervangen door bijvoorbeeld 'komt aan bod' of 'passeert de revue'.

Streef ook naar een prettige informatiedichtheid. Te veel informatie is verkeerd, maar te weinig ook. Wat belangrijk is, moet kort en duidelijk overkomen bij de lezer (zie **Hoofdstuk III: Beoordeling**, §6.5).

> Voorbeeld:
> 'Het lijkt ons nuttig om over deze voorstellen tot verandering van de bestaande wetgeving nog eens na te denken om te bepalen hoe zwaar de twee principes, die in de vorige paragraaf uitvoerig aan de orde zijn geweest, wegen, want het is natuurlijk erg belangrijk om eerst bij dit soort zaken stil te staan en een standpunt te bepalen voordat je er in de praktijk tegenaan loopt.'
>
> Bondiger is:
> 'Het lijkt ons nuttig om over deze wetsvoorstellen na te denken om te bepalen hoe zwaar de eerdergenoemde twee principes wegen, voordat we er in de praktijk tegenaan lopen.'

4.5 Herlezen

Lees na het schrijven van een onderzoeksverslag, een hoofdstuk of (sub)paragraaf altijd je tekst goed na. Let daarop vooral opbouw, argumenten en taal. Het herlezen is een belangrijk middel om zelf de kwaliteit van een onderzoeksverslag te verbeteren. (*Vaardigheid 6.10: Herlezen: Eigen tekst nalezen*). Herlees je tekst niet meteen nadat je die hebt opgeschreven. Dan lees je namelijk niet wat er staat, omdat je al weet wat er staat. Leg de tekst daarom even weg, liefst een paar dagen en lees de tekst opnieuw op opbouw, argumenten en taalfouten. Je zult zien dat een frisse blik wonderen doet. Dus: zorg in je planning dat je tijd hebt om je stuk nog een paar dagen te laten liggen, voordat je een definitieve versie in moet leveren.

5. Bronvermelding

5.1 Waarom moeten bronnen worden vermeld?

Je onderzoeksverslag dient een correcte bronvermelding te bevatten (*Vaardigheid 6.9: Bronvermelding*). Dit heeft onder andere de volgende redenen.

- Verantwoording: ere wie ere toekomt. Je verantwoordt het gebruik van andermans werk.
- Controle: een correcte bronvermelding maakt controle mogelijk van de gebruikte gegevens en van de weergave van standpunten van anderen.
- Hulp: een goede bronvermelding helpt de lezer bij het desgewenst verrichten van verder onderzoek. Jij hebt immers vaak ook zelf profijt gehad van goede bronverwijzingen in voetnoten; die helpen je aan andere literatuur of andere bronnen.

Aan een bron ontleende informatie (gegevens, argumenten, ideeën etc.) kun je op drie manieren in je verslag verwerken: door te parafraseren, door samen te vatten en door te citeren. Deze drie manieren zullen hieronder worden toegelicht.

5.2 Parafraseren

Je parafraseert aan een bron ontleende informatie door deze in eigen woorden weer te geven. Het dient daarbij te gaan om substantieel afwijkende formuleringen. Een parafrase in de vorm van een stuk letterlijk overgenomen tekst waarin naderhand hier en daar een enkel woordje is veranderd, is niet acceptabel.

> De auteur parafraseert De Hullu: 'Tegenwoordig zijn delicten die het "aanwezig hebben" van bepaalde voorwerpen strafbaar stellen een veel voorkomende variant van verboden toestand-delicten.'
> De originele tekst luidt: 'Een voor de hedendaagse strafrechtspleging belangrijke variant van de verboden toestand-delicten zijn de strafbare feiten waarin het gaat om het "aanwezig hebben" van verboden goederen (zoals drugs, wapens, van misdrijf afkomstige voorwerpen of voorbereidingsmiddelen).'[5]

5.3 Samenvatten

Het komt ook voor dat je informatie niet één op één ontleent aan een bron (zoals bij parafraseren), maar dat je de informatie samenvat. Je vat samen indien je in grote lijnen de kern van (een gedeelte van) iemands uiteenzetting weergeeft.

> De auteur vat De Groot samen: 'In zijn werk zet De Groot zich krachtig af tegen degenen die menen dat de soevereine staat alles mag doen wat in zijn belang is, zonder daarbij als het erop aankomt gebonden te zijn aan het recht.'

---

5 J. de Hullu, *Materieel strafrecht*, Deventer: Kluwer 2009, p. 151.

5.4 Citeren

In de meeste gevallen zul je aan een bron ontleende informatie door middel van parafraseren of samenvatten in je eigen tekst kunnen verwerken. In een enkel geval is aanleiding om in plaats daarvan te citeren. Denk aan de volgende gevallen: i) het is van belang is hoe de betreffende formulering letterlijk luidt (bijvoorbeeld bij een cruciale passage uit een rechterlijke uitspraak), ii) de betreffende informatie is moeilijk in eigen woorden weer te geven (bijvoorbeeld bij een compacte definitie), of iii) als de betreffende oorspronkelijke formulering bijzonder goed getroffen is en een parafrase daaraan afbreuk zou doen. Als je zelf niet beter kunt verwoorden, laat dan de originele bron aan het woord door deze te citeren.

Citeren houdt in het *letterlijk* overnemen van tekst uit een bron. Een citaat dient altijd te worden gemarkeerd met aanhalingstekens. Er mag niets aan de oorspronkelijke formulering te worden gewijzigd. Alleen indien dit voor een goed begrip of voor de zinsbouw noodzakelijk is, kunnen er woorden aan de oorspronkelijke formulering worden toegevoegd. Deze toegevoegde gedeeltes dienen dan met vierkante haken te worden gemarkeerd: [...]. Tevens kunnen gedeeltes uit een citaat worden weggelaten. Een weglating dient te worden weergegeven door puntjes omgeven door ronde haken: (...).

> De auteur citeert Feuerbach: 'In de beroemde woorden van Feuerbach die Marx en Engels onderschrijven: "Der Mensch ist was er ißt".'

Wees terughoudend met het gebruik van citaten. Het onderzoeksverslag dient niet uit een stuk aaneengeregen citaten te bestaan.

Als je informatie uit andere bronnen verwerkt, dan moet je dat altijd doen in eigen, substantieel afwijkende formuleringen. Je mag niet zomaar tekst overtypen of knippen en plakken. Dat is plagiaat, zie §6. Ook het overnemen van tekst met ergens een voetnoot met vermelding van bron, is niet geoorloofd. Wat ook niet mag, is een stuk tekst overnemen en dan hier en daar enkele woorden wijzigen. De enige uitzondering is als je citeert. Dan neem je de tekst uit de betreffende bron juist letterlijk over. Maar dat moet je dan wel aangeven door middel van aanhalingstekens en vermelding van de bron, bij voorkeur in een voetnoot (zie hierna). Als je die aanhalingstekens en/of de bronvermelding weglaat, pleeg je plagiaat (zie onder §6).

5.5 Citeerwijze

In alle gevallen (parafraseren, samenvatten en citeren) dien je op een correcte wijze de bron te vermelden. Bronvermelding gebeurt door middel van noten en literatuurlijst.

> Meer daarover is te vinden in de *Leidraad voor juridische auteurs*, Deventer: Kluwer 2007 (hierna: de Leidraad). Je kunt de Leidraad kopen of bij de bibliotheek inzien, maar het boekje is ook gratis beschikbaar op het internet via www.kluwer.nl.

De Leidraad beschrijft een aantal verwijssystemen, maar spreekt in §1.2.7 een voorkeur uit voor het systeem waarbij in voetnoten verkort wordt verwezen en aan het eind van de publicatie een literatuurlijst met volledige gegevens van de bron wordt opgenomen. Overigens is aan het eind van de Leidraad een samenvatting opgenomen, waarin kort wordt aangegeven hoe je moet verwijzen naar bepaalde bronnen.

Let bij het verwijzen naar boeken, artikelen, beleidsdocumenten etc., wel op het volgende. In de bronvermelding in de voetnoten geldt als uitgangspunt dat je steeds zo precies mogelijk dient te verwijzen naar de pagina('s) waaraan je de informatie (die je parafraseert, samenvat of citeert in de hoofdtekst) hebt ontleend. De vermelding van deze bronnen in de literatuurlijst bevat daarentegen niet een dergelijke specifieke pagina-aanduiding. Bij tijdschriftartikelen en bijdragen in boeken (bijvoorbeeld een hoofdstuk in een boek met meer auteurs) zie je wel paginanummers staan in de literatuurlijst, maar die geven alleen aan waar de desbetreffende bijdrage of het desbetreffende artikel begint en eindigt.

> Voorbeeld van een verwijzing naar een boek:
> In de voetnoot: Renkema 2005, p. 10.
> In de literatuurlijst: **Renkema 2005**
> J. Renkema, *Schrijfwijzer*, Den Haag: Sdu 2005.
>
> Voorbeeld van een verwijzing naar een tijdschriftartikel:
> In de voetnoot: Schuijt 1995, p. 932.
> In de literatuurlijst: **Schuijt 1995**
> G.A.I. Schuijt, 'Over de ergerniswekkende luiheid van juridische auteurs, over voetnoten, bibliografieën en ander klein (?) grut', *NJB* 1995, p. 931-932.

» Zie bijvoorbeeld:
Leidraad voor juridische auteurs, Deventer: Kluwer 2007, §1

Verwijzing naar regelgeving vindt doorgaans alleen in de hoofdtekst zelf plaats. Wetgeving wordt niet opgenomen in de literatuurlijst.

» Zie bijvoorbeeld:
Leidraad voor juridische auteurs, Deventer: Kluwer 2007, §§3 en 4

NB. De Kluwer Collegebundel en Blauwe VNW horen niet thuis in de literatuurlijst! Het is ook niet de bedoeling dat in hoofdtekst of voetnoot wordt verwezen naar één van deze wettenbundels. Verwijs in zulke gevallen direct naar de wetsbepaling.

Verwijzing naar jurisprudentie en parlementaire stukken vindt doorgaans wel plaats in voetnoten, maar ook deze verwijzingen worden niet in de literatuurlijst opgenomen. Voor verwijzingen naar jurisprudentie geldt dat het voor de lezer fijn is als er een eventuele 'roepnaam' van een uitspraak bijstaat. Dan is meteen duidelijk welke uitspraak je precies bedoelt. Zet deze roepnaam tussen haakjes.

5.6 Literatuurlijst
Meestal dient een onderzoeksverslag te worden voorzien van een literatuurlijst. Deze moet de volledige titelbeschrijvingen bevatten (zie de eerder gegeven voorbeelden). De literatuurlijst bevat alleen de aangehaalde literatuur, dat wil zeggen bronnen waarnaar in de tekst van je onderzoeksverslag daadwerkelijk in voetnoten is verwezen. Het is niet de bedoeling dat de lijst ook literatuur bevat die je slechts hebt geraadpleegd.

» Zie ook:
Leidraad voor juridische auteurs, Deventer: Kluwer, 2007, §2 De literatuurlijst

6. Plagiaat

Het schrijven van een onderzoeksverslag is een intellectueel proces waarbij je eigen teksten maakt. Elke zin die je opschrijft, moet je eigen formulering zijn. Plagiaat is kernachtig gezegd het werk van een ander door laten gaan voor werk van jezelf. Plagiaat is een wetenschappelijke doodzonde en moet je absoluut zien te voorkomen. Aan plagiaat in een onderzoeksverslag waaraan een cijfer wordt toegekend (paper, annotatie, etc.) zijn bij ontdekking daarvan meestal gevolgen verbonden, zoals uitsluiting van het tentamen of een aantekening van fraude op je cijferlijst.

Hoofdstuk II Onderzoeksinstructie

Wanneer je informatie uit een andere bron samenvat of parafraseert, maar niet (duidelijk) naar die bron verwijst, pleeg je plagiaat. Een nog ernstiger vorm van plagiaat is wanneer je tekst letterlijk overneemt zonder (duidelijk) naar de bron te verwijzen of zonder aanhalingstekens te gebruiken. Ook als je bij de betreffende letterlijk overgenomen tekst wel naar de bron verwijst, maar niet door aanhalingstekens te gebruiken duidelijk maakt dat je de tekst letterlijk overgenomen hebt, pleeg je plagiaat!

Plagiaat gebeurt wellicht niet altijd opzettelijk. Het kan zijn dat er slordigheid in het spel is, maar deze wordt niet getolereerd.

- » Zie de regels over plagiaat en de gevolgen daarvan die gelden op jouw universiteit.
- » Zie ook de zogenaamde Leefregels voor geoorloofd hergebruik van materiaal op: www.surf.nl/plagiaatpreventie.
- » Mocht je nog twijfels hebben dan raadpleeg de website van de University of Leicester. Zij hebben interactieve internet programma's om plagiaat uit te leggen (in het Engels): https://connect.le.ac.uk/plagiarismlaw/.

7. Zelfreflectie

Van elke onderzoeksopdracht leer je en dan met name van je fouten. Op het moment dat je onderzoeksverslag is ingeleverd moet je vervolgens nagaan wat je de volgende keer wellicht anders zou doen of juist hetzelfde (*Vaardigheid 6.11: Kunnen reflecteren op het onderzoeksproces en verbeteringen voorstellen voor de volgende keer*). Heb je bepaalde technieken gebruikt bij het formuleren van je onderzoeksvraag die niet zo goed werkten of die juist heel goed werkten? Heb je bepaalde zoektermen gebruikt die vervolgens veel te veel zoekresultaten opleverden? Heb je misschien een bruikbare en informatieve website gevonden op jouw onderzoeksterrein? Heb je problemen ondervonden met het citeren van bronnen?

Tijdens je opleiding moet je verscheidende keren onderzoeksverslagen inleveren. Je onderzoek wordt slechts beter als je leert van je eigen fouten. Vraag je docent altijd om feedback en doe iets met die feedback, gebruik het de volgende keer je een onderzoeksverslag moet schrijven.

Wetenschap is immers nooit af!

HOOFDSTUK III
BEOORDELING

HOOFDSTUK III
BEOORDELING

1. Inleiding

De kwaliteit van een onderzoeksverslag wordt beoordeeld op de inhoud en de vorm. Voor het beoordelen van de inhoud worden in deze handleiding vier categorieën onderscheiden die ook overeenkomen met verschillende fases van het onderzoek doen. Niet alle fases worden direct beoordeeld. Fase 2 bijvoorbeeld, over hoe je materiaal moet verzamelen, komt niet direct tot uitdrukking bij het geven van een cijfer. Echter, vakinhoud en argumentatie worden wel beoordeeld en die berusten op het verzamelde materiaal. Daarmee wordt die fase wel indirect beoordeeld.
De vier categorieën zijn:
    I.   de onderzoeksvraag (die overeenkomt met fase 1)
    II. vakinhoud (die overeenkomt met fase 3)
    III. inhoudelijke ordening (die overeenkomt met fase 4)
    IV. argumentatie (die overeenkomt met fase 5)

Bij de beoordeling van de vorm zijn de stijl en de vormgeving belangrijke aspecten. Beide aspecten komen in fase 6 aan bod. Een onderzoeksopdracht moet op zowel de inhoud als de vorm voldoende zijn. Dit houdt in dat een slechte beoordeling in categorie vakinhoud nooit kan worden gecompenseerd door een goede beoordeling op de vorm.[6]

2. Onderzoeksvraag (Fase 1)

Het belang van de onderzoeksvraag en het niveau waarop de schrijver een oplossing aandraagt, bepalen grotendeels de kwaliteit van een onderzoeksverslag. 'Een scriptie bevat bij voorkeur een originele gedachte die de rechtsgeleerdheid een stap verder brengt.'[7] Zie verder **Hoofdstuk I**, § 2 waar beknopt is aangegeven wat een kenmerk van goed juridisch onderzoek is. De onderzoeksvraag vormt de rode draad van het betoog. Tijdens **Fase 1: Onderzoek voorbereiden** ben je tot een onderzoeksvraag gekomen. De onderzoeksvraag wordt vervolgens beoordeeld op basis van de volgende eisen:

2.1 Expliciet
De onderzoeksvraag moet expliciet zijn, dat wil zeggen als zodanig herkenbaar en ook daadwerkelijk een vraag stellend of een probleem aankaartend. Hierbij gaat het om de voorwaarde die beoordeling van de kwaliteit van de onderzoeksvraag mogelijk maakt. Een stelling of hypothese kan de rol van de onderzoeksvraag overnemen. Je onderzoekt dan het waarheidsgehalte van die stelling of hypothese: Is de stelling of hypothese juist?

2.2 Precies
De onderzoeksvraag omschrijft nauwkeurig en duidelijk op welke vraag een antwoord wordt gezocht. Hierbij gaat het om de relatie tussen de onderzoeksvraag en het gezochte antwoord. De formulering van de onderzoeksvraag is in overeenstemming met het exploratieve (open vraag) of toetsende (hypothese) karakter van het onderzoek. Duidelijk is welke specifieke informatie nodig is om het gezochte antwoord te kunnen geven.

---

6 De voorwaarden die hier genoemd worden, zijn ontleend aan Heinze Oost en Angela Markenhof, *Onderzoek voorbereiden*, Baarn: HB uitgevers 2002.
7 J.G. Brouwer en C.J.H. Jansen, 'Over recht en krom schrijven', *Ars Aequi* 1998, p. 171.

2.3 Afgebakend
De onderzoeksvraag is voldoende afgebakend. Dat betekent dat de onderzoeksvraag beantwoordbaar is binnen het soort onderzoeksverslag en de omvang daarvan. Een onderzoeksvraag voor een paper van 2.000 woorden moet veel meer zijn toegespitst op een concrete kwestie dan een onderzoeksvraag voor een afstudeerwerk van 8.000 woorden. Ook moet de onderzoeksvraag niet te breed zijn, zodat je heel veel of te veel onderwerpen moet behandelen alvorens je tot beantwoording van de onderzoeksvraag kan komen.

> Voor een afstudeerwerk zou te weinig afgebakend zijn de navolgende onderzoeksvraag: 'Wat zijn de implicaties van de rechtspraak van het Europees Hof van de Rechten van de Mens voor de rol en de positie van deelnemers aan het vooronderzoek in strafzaken?'. Deze onderzoeksvraag laat bijvoorbeeld in het midden welke rechtspraak, welke deelnemers (verdachte, raadsman, officier van justitie, rechter-commissaris, opsporingsambtenaren etc. etc.). Beter is: 'Wat zijn de implicaties van de rechtspraak van het Europees Hof van de Rechten van de Mens over de aanwezigheid van de raadsman bij politieverhoor voor de rol en de positie van de raadsman in het vooronderzoek in strafzaken?'

2.4 Haalbaar
De onderzoeksvraag moet ook kunnen worden beantwoord. Sommige zaken zijn bijvoorbeeld niet te onderzoeken of vergen een enorm grote studie die jouw mogelijkheden te boven gaan.

> Niet haalbaar is de navolgende onderzoeksvraag: 'Hoe effectief is de onrechtmatige daad in het voorkomen van ongevallen op de werkvloer?' Want hoe ga je dan de effectiviteit meten? Dat verlangt ten minste dat je een begin- en een eindpunt moet kunnen vaststellen om verschillen of ontwikkelingen te identificeren, dat je empirisch onderzoek gaat doen, terwijl je daarin als rechtenstudent niet bent opgeleid, dat je een volledig overzicht hebt van alle ongevallen, alle uitkomsten van procedures waarin op basis van onrechtmatige daad schadevergoeding is gevorderd en van alle reacties en maatregelen van werkgevers om die ongevallen te voorkomen.

De haalbaarheid hangt ook nauw samen met het precies, afgebakend en verankerd zijn van de onderzoeksvraag.

2.5 Verankerd
De eis dat de onderzoeksvraag verankerd moet zijn heeft betrekking op de relatie tussen de onderzoeksvraag en het theoretisch kader.

- Aangegeven wordt op welk rechtsgebied de vraagstelling betrekking heeft en met welke deelgebieden, thema's, leerstukken, rechtsvragen, theorieën, modellen, procedures en feiten de onderzoeksvraag te maken heeft (voor zover relevant).
- Inhoudelijke keuzes en vooronderstellingen zijn expliciet gemaakt en zonodig verantwoord.

2.6 Relevant en origineel
De onderzoeksvraag moet voldoende belang hebben: hij moet relevant en origineel zijn. Het gaat hierbij ook om de verantwoording van de onderzoeksvraag en het onderzoek. Op basis van relevante literatuur en bestaand onderzoek wordt:
- aannemelijk gemaakt dat de onderzoeksvraag (nog) niet bevredigend is beantwoord;
- uitgelegd dat het de moeite waard is om deze vraag te onderzoeken (d.w.z. wetenschappelijk belang en/of een maatschappelijk of sociaal belang);
- besproken dat de onderzoeksvraag gegeven de randvoorwaarden een optimaal bereik heeft.

2.7 Functioneel

De eis van functionaliteit heeft betrekking op de relatie met de (globale) onderzoeksstrategie. De vraag is zodanig geformuleerd dat duidelijk is welke onderzoeksfunctie in het geding is (beschrijven, vergelijken, definiëren, evalueren, verklaren of ontwerpen, zie **Fase 1: Onderzoek voorbereiden**, soorten vragen). Het soort antwoord dat gewenst wordt, is beslissend voor de formulering van de centrale onderzoeksvraag (wordt het antwoord bijvoorbeeld een uitspraak over de kenmerken van iets of over de oorzaken of over de waarde?). De deelvragen schetsen een passende structuur aan de hand waarvan de vraagstelling zal (en kan!) worden beantwoord.

3. Vakinhoud (Fase 3)

Bij vakinhoud gaat het om de inhoudelijke kwaliteit van de informatie die tijdens het onderzoek gebruikt is om een antwoord te vinden op de onderzoeksvraag. In het onderzoek wordt gebruik gemaakt van inhoudelijke en methodologische vakkennis. Dat vergt een goede beoordeling van jouw bronnen. In **Fase 3: Materiaal beoordelen** heb je die bronnen geselecteerd die er toe doen. Hieraan gaat natuurlijk vooraf **Fase 2: Materiaal verzamelen**. Hoewel Fase 2 niet direct wordt beoordeeld (zie ook § 1), zie je dat de kwaliteit van de bronnen die je in Fase 3 selecteert afhankelijk is van jouw zoekstrategie en het zoekplan dat je in Fase 2 van je onderzoek hebt gemaakt en uitgevoerd.

Zowel de juridisch *inhoudelijke* vakkennis als de *methodologische* vakkennis moeten **relevant** zijn en **juist** gebruikt zijn. Om de juistheid en functionaliteit van het gebruik van vakkennis te beoordelen zijn de volgende aspecten van belang:
- Niveau van de deelvragen;
- Antwoord op de deelvragen;
- Analyse van de hoofdzaken;
- Analyse en verwerking van de
  - (internationale) regelgeving, en/of
  - jurisprudentie, en/of
  - literatuur;
- Weergave van argumenten;
- Juridische kennis;
- Eigen inzicht;
- Originaliteit; en
- Indien van toepassing:
  - rechtsvergelijkende argumenten
  - rechtshistorische argumenten
  - argumenten uit andere disciplines.

4. Inhoudelijke ordening (Fase 4)

De categorie inhoudelijke ordening richt zich op de inhoud van de rapportage (zie **Fase 4: Onderzoeksverslag structureren**). De inhoud moet samenhang vertonen, logisch geordend en compleet zijn. De genoemde eisen hebben niet alleen betrekking op het onderzoeksverslag als geheel. Zij zien ook op alle niveaus van een verslag: over het verslag als geheel, over de hoofdstukken, over de (sub)paragrafen en tot op zekere hoogte ook over de alinea's. De inhoudelijke ordening van een juridisch betoog is van elementair belang. Als een onderzoeksverslag de juiste structuur heeft, dan is de essentie te achterhalen door alleen de inleiding en de conclusie te lezen.[8] Een onderzoeksverslag moet in elk geval de volgende onderdelen bevatten:

4.1 Inleiding

Een inleiding waarin ten minste:
- het belang van het onderzoek wordt verantwoord;
- het onderwerp wordt afgebakend;
- de onderzoeksvraag en deelvragen worden gepresenteerd;
- de onderzoeksvraag en deelvragen voldoende worden afgebakend;
- de globale onderzoeksopzet wordt aangegeven;
- de gebruikte onderzoeksmethoden worden behandeld;
- een vooruitblik op de tekstopbouw wordt gegeven.

Een inleiding strekt er ook toe om de belangstelling van de lezer te wekken: Waarom moet ik als lezer dit onderzoeksverslag lezen? Een pakkende casus in de inleiding kan bijvoorbeeld deze rol vervullen. Het is evenwel niet verplicht.

4.2 Middenstuk

Een theoretisch kader waarin:
- relevante leerstukken, theorieën, concepten en begrippen worden behandeld;
- inhoudelijke keuzen en vooronderstellingen worden toegelicht en verantwoord.

Een uiteenzetting waarin:
- in logische volgorde de belangrijkste deelvragen worden beantwoord. Hierbij is van belang dat:
  - sprake is van een beargumenteerd betoog;
  - goed wordt verwezen naar geraadpleegde bronnen;
  - de antwoorden op de deelvragen samen het antwoord vormen op de onderzoeksvraag;
  - de tekst compleet is zonder nodeloze herhalingen of uitweidingen;
  - de typografische ondersteuning en de opmaak functioneel is.

4.3 Afsluiting

Een afsluiting waarin:
- conclusies worden getrokken, al dan niet voorafgegaan door een samenvatting waarin de belangrijkste resultaten van het onderzoek (nogmaals) worden weergegeven;
- verband met de inleiding en het middenstuk aanwezig is;
- het standpunt in de conclusie gefundeerd is;
- de conclusie een antwoord geeft op de onderzoeksvraag;
- de waarde van de bereikte resultaten en het gevonden antwoord worden besproken;
- de conclusie geen nieuwe informatie of argumenten bevat.

5. Argumentatie (Fase 5)

Argumentatie en bewijsvoering zijn in overeenstemming met de regels van de logica, de regels van de methodologie en de beroepscode (zie **Fase 5: Argumentatie opbouwen**). Dat maakt de beantwoording van de onderzoeksvraag:[9]

---

[8] J.G. Brouwer en C.J.H. Jansen, 'Over recht en krom schrijven', *Ars Aequi* 1998, p. 169. Zie ook **Fase 6: Onderzoek rapporteren**, § 4.3.

[9] Deze criteria zijn ontleend aan Heinze Oost, *Een onderzoek uitvoeren*, Baarn: HB uitgevers 2002.

Hoofdstuk III Beoordeling

5.1 Logisch
De redeneringen zijn vrij van (a) inhoudelijke redeneerfouten, (b) onzakelijke argumenten, en (c) gegoochel met betekenissen.

5.2 Controleerbaar
De rapportage van de resultaten is (a) compleet, (b) gedetailleerd, en (c) kan in alle openheid naar voren worden gebracht.

5.3 Valide
Het gevonden antwoord doet recht aan (a) gebruikte concepten, (b) verklaringsregels, en (c) generaliseringsregels.

5.4 Betrouwbaar
Het gevonden antwoord is niet ongewenst beïnvloed door (a) de toevallige voorgeschiedenis of gesteldheid van de onderzoeker, (b) de staat van de onderzoekseenheid, onvolkomenheden in instrument of procedure, en (c) de situatie waarin (of het toevallige tijdstip waarop) het onderzoek plaatsvond.

5.5 Adequaat
Het onderzoek is zodanig uitgevoerd dat (a) het gevonden antwoord ook daadwerkelijk antwoord geeft op de belangrijkste vraag van het onderzoek en (b) alle voorafgaande deelvragen afdoende en passend zijn beantwoord.

6. Stijl (Fase 6)

Hierbij gaat het om de schrijfstijl van het onderzoeksverslag. De algemene eisen voor een onderzoeksrapportage zijn objectiviteit, precisie, logica, zorgvuldigheid en helderheid.

6.1 Objectief
Objectiviteit kan bereikt worden door een tekst 'onpersoonlijker/afstandelijker' te maken.

> Bijvoorbeeld doordat:
> - de eerste persoon wordt vermeden, de lezer niet direct wordt aangesproken;
> - de schrijver zich onthoudt van subjectieve oordelen.

6.2 Precies
Dit kenmerk heeft te maken met de 'exactheid' van de tekst.

> Voorbeelden zijn:
> - termen en juridische vaktaal worden juist gebruikt;
> - zaken worden op een juiste manier benoemd;
> - zaken worden op een juiste manier met elkaar in verband gebracht.

6.3 Logisch
De logica heeft in eerste instantie betrekking op de inhoud. Stijl speelt wel een rol als de argumentatie deugt, maar de lezer de redenering niet kan volgen.

> Van belang is dan ook dat de tekst:
> - niet te beknopt is, er moet voldoende zijn uitgelegd;
> - niet te wollig of vaag is, de schrijver moet zakelijk en precies formuleren;
> - niet te moeilijk is.

6.4 Zorgvuldig

Zorgvuldigheid richt zich op de exactheid en informatiedichtheid van de tekst maar ook op recht doen aan geraadpleegde bronnen.

> Voorbeelden zijn:
> - woorden zijn met aandacht gekozen, de kans dat zinnen fout worden geïnterpreteerd is klein;
> - bronnen worden juist geciteerd, geparafraseerd en gebruikt.

6.5 Helder

Helderheid betreft de wijze waarop er wordt aangesloten op de kennis van de lezer.

> Denk aan aspecten als:
> - dingen worden niet ingewikkelder gezegd dan nodig, belangrijk hierbij zijn woordkeus en zinsbouw;
> - toegankelijkheid van de tekst;
> - er is voldoende verband tussen zinnen;
> - het betoog bevat geen onnodige uitweidingen.

7. Vormgeving (Fase 6)

Hierbij gaat het om de uiterlijke verzorging van de rapportage. Er moet voldaan zijn aan de regels die gelden voor:
- taalgebruik;
- spelling en interpunctie;
- redactionele vormgeving;
- correcte weergave van bronverwijzingen;
- vormgeving van specifieke onderdelen:
  - titelpagina;
  - inhoudsopgave;
  - paginanummering;
  - voetnoten;
  - bijlagen;
  - tabellen en grafieken.

HOOFDSTUK IV
FEEDBACK

Hoofdstuk IV
Feedback

1. Belang van feedback

Het uitvoeren van rechtswetenschappelijk onderzoek is een kwestie van ervaring opdoen, leren van eerder gemaakte fouten, nadenken over je eigen onderzoeksproces en vervolgens goede werkwijzen nog een keer gebruiken en minder goede werkwijzen verbeteren. Daartoe is het verkrijgen van feedback belangrijk. Wanneer een ander, en dan met name een docent, bij de beoordeling van het onderzoeksverslag aangeeft wat de sterke punten zijn, wat de verbeterpunten zijn en op welke overwegingen de beoordeling berust, kun je daar als student veel van leren. Als je twijfels hebt, vragen hebt of gewoon wilt weten hoe jij het hebt gedaan, ga dan naar een inzage- of nabesprekingsbijeenkomst of vraag een kopie op van je onderzoeksverslag of van het beoordelingsformulier als die mogelijkheid wordt geboden. Denk niet: 'ik heb mijn cijfer binnen, het zal allemaal wel en bij een volgende keer zie ik wel weer wat ik doe'. Dan leer je niet van je eigen ervaringen, eigen fouten, eigen onderzoeksproces.

Om de beoordeling van onderzoeksverslagen transparant en systematisch te laten verlopen en studenten de mogelijkheid te bieden om feedback te krijgen op hun werk waarbij wordt aangesloten bij de beoordelingscriteria, zijn hierna twee beoordelingsschema's opgenomen. Het betreft een algemeen beoordelingsschema en een gedetailleerd beoordelingsschema, te gebruiken naar eigen keuze van de docent. Beide schema's gaan uit van de in dit boek besproken fases en daarin begrepen vereisten/beoordelingscriteria. Door het aanvinken van de waarderingen tussen 'slecht' en 'zeer goed' kan eenvoudig worden aangegeven hoe het onderzoeksverslag op de desbetreffende vereisten scoort. Er is ruimte gelaten om een persoonlijke toelichting te geven op deze beoordeling. Dat is, als gezegd, leerzaam voor studenten. Voorts laten de schema's ruimte voor het formuleren van twee specifieke criteria die aansluiten bij het soort onderzoeksverslag of de cursus waarbinnen het onderzoek moet worden verricht. De beoordelingsschema's zijn bruikbaar voor zowel beoordeling van onderzoeksverslagen geschreven in de bacheloropleiding als in de masteropleiding. Hieronder wordt dat toegelicht.

2. Verschillen bachelor afstudeerwerk en masterscriptie

In een bachelor afstudeerwerk (of scriptie) dient een bachelorstudent te kunnen laten zien dat hij of zij:
- kennis en inzicht heeft verworven in grondslagen, beginselen, systeem, samenhang en ontwikkelingen in het rechtsgebied waartoe het onderwerp van zijn of haar afstudeerwerk behoort, en
- regelgeving en rechtspraak kan analyseren en toepassen, en
- wetenschappelijk materiaal heeft kunnen vergaren en beoordelen, en
- een juridische argumentatie kan opbouwen, en
- zich een eigen oordeel kan vormen, en
- zijn of haar onderzoeksresultaten goed kan presenteren en er aldus blijkt van geeft dat hij of zij een rechtswetenschappelijk onderzoek kan uitvoeren.

In deze vereisten kan men de verschillende fases van het onderzoek herkennen.

Wat zijn nu verschillen met een masterscriptie? Een masterstudent dient in zijn masterscriptie te laten zien dat hij op dezelfde onderdelen als een bachelorstudent kennis en inzicht heeft verworven, maar daarbij wel een hoger niveau heeft bereikt. Het gaat dan om een gedegen kennis en inzicht.

Datzelfde geldt voor het analyseren, toepassen, beoordelen, opbouwen van een argumentatie, eigen oordeelsvorming en presentatie van de onderzoeksresultaten. Dat moet allemaal op een hoger, meer geavanceerd niveau liggen. Een masterstudent onderzoekt dan ook complexere vragen, bestudeert moeilijker literatuur, hanteert vakkennis diepgaander, genuanceerder en reflectiever. Ook op het gebied van zelfstandigheid wordt een onderscheid gemaakt tussen de bachelor en de master. Daarnaast gelden voor de bachelor en de master verschillende facultair vastgestelde randvoorwaarden. Echter, voor de structuur en de vormvereisten van de scriptie gelden voor het bachelor afstudeerwerk en de masterscriptie vergelijkbare vereisten.

Doordat de onderzoeksvaardigheden voor zowel het bachelor afstudeerwerk als de masterscriptie gelijk zijn en vooral in niveau, complexiteit, diepgang, nuance, afgewogenheid en zelfstandigheid verschillen, zijn de geformuleerde beoordelingscriteria voor beide rapportages bruikbaar. De specifieke punten waarop een verschil wordt gemaakt, worden hierna beschreven.

3. Eisen met betrekking tot de onderzoeksvraag

Bachelor	De eisen gesteld aan de relevantie van de onderzoeksvraag zijn minder zwaar. De bachelorstudent mag een vraag onderzoeken die al wel beantwoord is; het onderzoek mag een persoonlijk leerdoel dienen.
	Ook de bachelorstudent kan allerlei typen vragen onderzoeken. Een bacheloronderzoek mag wel een inventarisatie van bestaande literatuur zijn.
Master	De student moet een onderzoeksvraag onderzoeken die nog niet bevredigend beantwoord is, het onderzoek moet enige toegevoegde waarde hebben. Aan de eisen van maatschappelijke en wetenschappelijke relevantie moet zijn voldaan.
	Bijna alle typen onderzoeksvragen (vergelijkend, evaluerend enz.) zijn geschikt voor een masterscriptie, maar niet een puur beschrijvende onderzoeksvraag. Voor elk onderzoek geldt dat de uitwerking van de onderzoeksvraag in deelvragen duidelijk moet maken dat het onderzoek meer zal zijn dan een inventarisatie of beschrijving van bestaande bronnen.

Hoofdstuk IV Feedback

4. Eisen met betrekking tot vakinhoudelijke kennis

Bachelor	Studenten kunnen in het algemeen volstaan met handboeken aangevuld met een enkel artikel uit vaktijdschriften.
	Voor een bachelor afstudeerwerk is het in beginsel voldoende om de benodigde kennis te verzamelen en deze samenvattend weer te geven. Het bespreken van hoofdstandpunten is voldoende. Het heeft de voorkeur om eigen standpunt(en) te ontwikkelen.
Master	Bij het onderzoek moet zoveel mogelijk gebruik gemaakt worden van alle relevante literatuur. Niet alleen handboeken, maar bijvoorbeeld ook vaktijdschriften en dissertaties moeten worden geraadpleegd. Het onderzoek behelst ook meer dan het raadplegen van zeg drie handboeken en twee tijdschriftartikelen.
	De masterscriptie moet getuigen van een genuanceerde en diepgaande bespreking van resultaten. Men beperkt zich niet tot hoofdstandpunten maar overweegt ook afwijkende meningen en minderheidsstandpunten. Tijdens het onderzoek wordt niet alleen de benodigde kennis verzameld en samenvattend weergegeven, maar juist ook kritisch besproken en er wordt een eigen visie gegeven.

5. Eisen met betrekking tot zelfstandigheid

Bachelor	De onderzoekservaring van de bachelorstudent is beperkt en daarom wordt minder zelfstandigheid verwacht bij het formuleren van de onderzoeksvraag en het uitvoeren van het onderzoek. De randvoorwaarden waarbinnen het onderzoek gedaan wordt, maakt dat er minder ruimte is voor eigen inbreng. Daarentegen wordt ook van de bachelorstudent verwacht dat hij de basale aspecten van onderzoek doen en rapporteren beheerst en zelfstandig uitvoert.
Master	Omdat een student binnen de master al onderzoekservaring heeft, wordt zelfstandigheid bij het formuleren van de onderzoeksvraag en het uitvoeren van en rapporteren over het onderzoek verwacht. De student krijgt geen begeleiding bij basale aspecten van onderzoek doen en rapporteren.

Standaard beoordelingsschema voor _(naam student, naam onderzoeksopdracht en cursus)_

Criteria	Beoordeling begeleider					Toelichting
	s	m	v	rv	g	zg	
Onderzoeksvraag (Fase 1)	☐	☐	☐	☐	☐	☐	
Vakinhoud (Fase 3)	☐	☐	☐	☐	☐	☐	
Inhoudelijke ordening (Fase 4)	☐	☐	☐	☐	☐	☐	
Argumentatie (Fase 5)	☐	☐	☐	☐	☐	☐	
Stijl en vormgeving (Fase 6)	☐	☐	☐	☐	☐	☐	
Inzet / zelfstandigheid	☐	☐	☐	☐	☐	☐	
Extra criterium zoals aangekondigd in cursusmateriaal	☐	☐	☐	☐	☐	☐	
Extra criterium zoals aangekondigd in cursusmateriaal	☐	☐	☐	☐	☐	☐	

| Eindbeoordeling en cijfer | ☐ | ☐ | ☐ | ☐ | ☐ | ☐ | Cijfer |

Afkortingen: s = slecht (<4); m = matig (±5); v = voldoende (±6); rv = ruim voldoende (±7); g = goed (±8); zg = zeer goed (±9-10)

Hoofdstuk IV Feedback

UITGEBREID BEOORDELINGSSCHEMA VOOR *(naam student, naam onderzoeksopdracht en cursus)*

Criteria	Beoordeling begeleider					Toelichting
	s	m	v	rv	g	zg	
Onderzoeksvraag (*Fase 1*) – Expliciet – Precies – Afgebakend – Haalbaar – Verankerd – Relevant en origineel – Functioneel	☐	☐	☐	☐	☐	☐	

Vakinhoud (*Fase 3*)
– Juridische inhoud & methodologie
• relevant
• juist
 	
Onder andere door:
• Niveau van de deelvragen;
• Antwoord op de deelvragen;
• Analyse van de hoofdzaken;
• Analyse en verwerking van de
  – (internationale) regelgeving, en/of
  – jurisprudentie, en/of
  – literatuur;
• Weergave van argumenten;
• Juridische kennis;
• Eigen inzicht;
• Originaliteit; en
• Indien van toepassing:
  – rechtsvergelijkende argumenten
  – rechtshistorische argumenten
  – andere disciplines.
	☐	☐	☐	☐	☐	☐	

		Cijfer
Inhoudelijke ordening (Fase 4) - Inleiding - Middenstuk - Afsluiting	☐ ☐ ☐ ☐	
Argumentatie (Fase 5) - Logisch - Controleerbaar - Valide - Betrouwbaar - Adequaat	☐ ☐ ☐ ☐	
Stijl en vormgeving (Fase 6) Schrijfstijl: - Objectief - Precies - Logisch - Zorgvuldig - Helder Vormgeving: - Inhoud - Lay-out - Taalgebruik - Bronvermelding	☐ ☐ ☐ ☐ ☐	
Inzet / zelfstandigheid	☐ ☐ ☐ ☐	
Extra criterium zoals aangekondigd in cursusmateriaal	☐ ☐ ☐ ☐	
Extra criterium zoals aangekondigd in cursusmateriaal	☐ ☐ ☐ ☐	
Eindbeoordeling en cijfer	☐ ☐ ☐ ☐ ☐ ☐ ☐	

Afkortingen: s = slecht (<4); m = matig (±5); v = voldoende (±6); rv = ruim voldoende (±7); g = goed (±8); zg = zeer goed (±9-10)

Internal structure *(Phase 4)* • Introduction • Body text • Conclusion	☐	☐	☐	☐	☐	☐
Argumentation *(Phase 5)* • Logical • Verifiable • Valid • Reliable • Adequate	☐	☐	☐	☐	☐	☐
Style and appearance *(Phase 6)* *Writing style:* • Objective • Precise • Logical • Conscientious • Clear *Appearance:* • Content • Lay-out • Use of language • Acknowledgement of sources	☐	☐	☐	☐	☐	☐
Dedication/independence	☐	☐	☐	☐	☐	☐
Extra criterion as announced in course material	☐	☐	☐	☐	☐	☐
Extra criterion as announced in course material	☐	☐	☐	☐	☐	☐
Final assessment and mark	☐	☐	☐	☐	☐	☐	*Mark*

Abbreviations: u = unsatisfactory (<4); p = poor (±5); s = satisfactory (±6); ms = more than satisfactory (±7); g = good (±8); vg = very good (±9-10)

EXTENSIVE OUTLINE FOR THE ASSESSMENT OF

(name student, name research assignment and course)

Criteria	Assessment tutor						Explanation
	u	p	s	ms	g	vg	
Research question (*Phase 1*) • Explicit • Precise • Delineated • Feasible • Embedded • Relevant and original • Functional	☐	☐	☐	☐	☐	☐	

Content and sources (*Phase 3*)
• Legal content and methodology
  – relevant
  – used correctly
 	
Through:
• Level of the legal questions;
• Answers to sub-questions;
• Analysis of the main issues;
• Analysis and processing of the
  – (international) legislation, and/or
  – case law, and/or
  – literature;
• Presentation of arguments;
• Legal knowledge;
• Personal insight;
• Originality; and
• If applicable:
  – Comparative law arguments
  – Legal history arguments
  – Arguments drawn from other disciplines
	☐	☐	☐	☐	☐	☐	

GENERAL OUTLINE FOR THE ASSESSMENT OF

(*name student, name research assignment and course*)

Criteria	Assessment tutor					Explanation
	u	p	s	ms	g	vg	
Research question (*Phase 1*)	☐	☐	☐	☐	☐	☐	
Content and sources (*Phase 3*)	☐	☐	☐	☐	☐	☐	
Internal structure (*Phase 4*)	☐	☐	☐	☐	☐	☐	
Argumentation (*Phase 5*)	☐	☐	☐	☐	☐	☐	
Style and layout (*Phase 6*)	☐	☐	☐	☐	☐	☐	
Dedication/independence	☐	☐	☐	☐	☐	☐	
Extra criterion as announced in course material	☐	☐	☐	☐	☐	☐	
Extra criterion as announced in course material	☐	☐	☐	☐	☐	☐	

Final assessment and mark	☐	☐	☐	☐	☐	☐	Mark

Abbreviations: u = unsatisfactory (<4); p = poor (±5); s = satisfactory (±6); ms = more than satisfactory (±7); g = good (±8); vg = very good (±9-10)

4. Requirements with respect to content-related knowledge

Bachelor	In general, students can restrict themselves to textbooks, complemented with a few articles from academic journals.
	For a bachelor dissertation, it is sufficient to have compiled and summarised the relevant literature. Discussion of main points is sufficient.
Master	Insofar as possible, all relevant material should be utilised in the research. Not only textbooks, but also academic legal journals and PhD theses should be consulted. The research should contain more references than to three textbooks and two journal articles.
	The masters dissertation should illustrate a nuanced and in-depth discussion of the research results. The research should not be restricted to the main points, but should include non-conventional opinions and minority points of view. The material should not only be collected and summarised, but should also be critically analysed and a personal opinion should be proffered.

5. Requirements with respect to independence

Bachelor	The research experience of a bachelor student is limited and therefore only limited independence with respect to the formulation of the research question and the execution of the research is expected. The requirements within which the research must be conducted ensure that there is little room for the student's own contribution. Nonetheless, it is expected that a bachelor student shows the ability to master the basic aspects of conducting and reporting research and can do this independently.
Master	Due to the higher level of research experience of a masters student, it is expected that a masters student can independently formulate a research question, as well as independently conduct and report the research. The student receives no guidance with respect to the basic aspects of conducting research.

Finally, a difference needs to be drawn among the possibly differing faculty wide requirements imposed on bachelor and masters research. Regardless of these differences, the bachelor and masters dissertations are held to the same standard as regards the structure and the appearance/style of the research report.

Although the research skills required for the bachelor and masters dissertation differ in terms of level, complexity, depth, nuance, balance and independence, the skills themselves are identical. Accordingly, the criteria listed in Chapter II are suitable for both degrees. The specific points in which a difference in level is expected are described below.

3. Requirements with respect to the research question

Bachelor	The requirements imposed on the relevance of the research question are lower than the masters. The bachelor student may research a question that has already been answered; the research may serve a personal learning goal.
	Bachelor students may also research all types of research questions. A bachelor research question may involve an inventory of existing literature on a given topic.
Master	The student must research a question that has not (yet) been answered satisfactorily. The research must in this sense have added value. The research must also indicate the social and academic relevance.
	Almost all types of research questions (comparative, evaluative etc.) are suitable for masters research, although purely descriptive research is not. For every research plan, it must be clear that the answering of the main research question in sub-questions will be more than a simple inventory of existing sources.

CHAPTER IV
FEEDBACK

1. Importance of feedback

The execution of academic legal research requires practise, learning from your own mistakes, thinking about your own research process and subsequently reusing good working techniques and improving poor techniques. In this respect, feedback is crucial. When somebody else, and especially a lecturer, assesses your research report he or she will indicate the positive aspects of your report, as well as indicating the areas that can be improved. This assessment will be based on certain considerations, which will be made clear. You can obviously learn from this assessment. If you have doubts or questions about the points raised, then contact the person concerned and use the opportunities that are made available to you to discuss your research. Do not think: I have my grade and that is enough, I will see what I do the next time'. With this attitude, you will not learn from your own experience, your own mistakes and your own research process.

To ensure that research reports are assessed transparently and systematically, and that students are able to gain feedback on the assessment criteria listed in **Chapter III**, two model feedback forms have been included. The first form is a general feedback form and the second is more detailed. The choice of form is for the lecturer concerned. Both forms are based on the six phases discussed in this instruction book and the criteria listed in **Chapter III**. By specifying 'unsatisfactory' to 'very good', a lecturer can easily indicate how a research report is graded with respect to the individual assessment criteria. Additional personal explanation can also be given in the spaces provided. These comments are highly instructional for students, and lecturers are therefore advised to use this space. Furthermore, two extra blank assessment criteria have been included to allow for course specific assessment criteria to be included. These feedback forms offer a suitable basis for providing feedback in both the bachelor's and master's phases.

2. Differences between a bachelor and masters dissertation

In a bachelor dissertation, a student must be able to demonstrate that he or she:
- has knowledge and insight in the foundations, principles, system, coherence and development of the field of law of the research report; and
- can analyse and apply legislation and case-law; and
- can compile and assess academic material; and
- can structure a line of legal reasoning; and
- can formulate his or her own opinion; and
- is able to present his or her own research results and thus demonstrate that he or she is capable of conducting academic legal research.

The different phases of research described in this book are easily apparent in this list.

What are the differences with respect to a master's dissertation? A masters student should be able to demonstrate that he is able to acquire knowledge and insight in a particular field in the same manner as a bachelor student, but at a higher level. This refers to a thorough level of knowledge and insight. The same is also true for the analysis, application, assessment, structure, personal opinion forming and presentation of the research. All of these aspects need to be evidenced at a higher level and more nuanced. A masters student should also be able to deal with more complex questions, analyse more complicated literature, and be able to demonstrate a deeper, more nuanced and more reflective approach to the material. A distinction also needs to be drawn with respect to independence.

CHAPTER IV
FEEDBACK

6.4 Care

Care aspect focuses on the exactness and density of information of the text but also at the justification of the consulted sources.

Examples are:
- careful choice of words, the chance of misinterpreting the sentences is small; and
- correct quotation, paraphrasing and use of the bibliographical sources.

6.5 Clarity

Clarity concerns the way the text links up with the reader's knowledge.

Consider such aspects as:
- do not overcomplicate things, your choice of words and sentence structure are important;
- the text is accessible;
- sufficient cohesion between the sentences; and
- absence of unnecessary elaborations.

7. Appearance (Phase 6)

Appearance concerns the appearance of the report. Compliance with the rules applying to the following:
- use of language;
- spelling and punctuation;
- editorial design;
- use of the sources (statutes, case law, literature);
- design of specific elements:
  - title page, table of contents,
  - page numbers
  - footnotes
  - appendices
  - tables and diagrams

Chapter III Assessment

5.2 Verifiable
The report with the findings is (a) complete, (b) detailed, and (c) can be presented in all openness.

5.3 Valid
The answer found justifies (a) the concepts used, (b) rules for explanation, and (c) rules for generalisation.

5.4 Reliable
The answer found has not been undesirably influenced as a result of (a) the researcher's coincidental past history or situation, (b) the condition of the research unit, imperfections of instruments or procedures, and (c) the situation in which (or the coincidental time at which) the study was conducted.

5.5 Adequate
The research has been conducted in such a way that (a) the answer found actually gives an answer to the major question the study addresses, and (b) all previous sub-questions have been answered adequately and fittingly.

6. Style (Phase 6)

Style concerns the style of writing of the report of the findings. The report of the findings is subject to the general requirements regarding objectivity, precision, logic, carefulness and clarity.

6.1 Objectivity
Objectivity can be achieved by making the text 'more impersonal/more distant'

> For example by:
> - avoiding use of the first person and addressing the reader directly; and
> - the writer avoids making subjective assessments.

6.2 Precision
This feature is about the text's 'exactitude'.

> Examples are:
> - the correct use of terminology and legal jargon;
> - the references are according to standard; and
> - connections are made correctly.

6.3 Logic
Logic refers in the first place to the content. Style comes into play when the argumentation is correct, but the reader is unable to follow the line of reasoning.

> It is therefore also of importance that the text:
> - is not too concise, there should be sufficient explanations;
> - is not too vague, the writer should formulate correctly; and
> - is not too difficult.

4.1 Introduction

- An introduction in which:
- the importance of the research is justified;
- the subject is defined;
- the research question and sub-questions of the study are introduced;
- the research question and sub-questions are adequately defined;
- the general study plan is addressed;
- the research methods used are dealt with;
- an overview of the structure of the research report is provided.

An introduction is also aimed at arousing the reader's interest: Why should I, as a reader, read this research report? A compelling factual case in the introduction can fit this role. It is not compulsory, however, to include it.

4.2 Body text

A theoretical framework which:

- addresses the relevant statute provisions, theories, concepts and definitions;
- explains and justifies the choices regarding the content and presuppositions.

An explanation which

- answers the major sub-question in a logical order. It is of importance here that:
  - the argumentation is well-motivated;
  - reference is made to the sources consulted;
  - the answers to the sub-questions together provide the answer to the research question;
  - the text is complete without redundancies or elaborations;
  - the typographical design is functional.

4.3 Conclusion

A conclusion which:

- draws conclusions, which can be preceded by a summary reproducing the major findings of the study (again);
- is related to the introduction and the main body of the text;
- provides the foundations underlying the point of view in the conclusion:
- gives an answer to the research question;
- discusses the value of the findings and the answers found;
- does not contain any new information or arguments.

5. Reasoning (Phase 5)

The argumentation and evidence should be presented in accordance with the rules of logic and methodology and the professional code (see **Phase 5: Structuring the reasoning**). This makes the answer to the research question: [11]

5.1 Logical

The reasoning should not have any (a)errors regarding the content of the reasoning, (b) irrelevant arguments, and (c) juggling with definitions.

---

11   Criteria based on Heinze Oost, *Een onderzoek uitvoeren*, Baarn: HB uitgevers 2002. (*Executing research*).

CHAPTER III ASSESSMENT   57

2.7 Functionality

Functionality is the relation with the (general) research strategy. The wording of the question is such that the type of research function is clear (descriptive, comparative, defining, evaluative, explanatory or designing) (see **Phase 1: Preparing the research**). The kind of answer that is desired is decisive for the wording of the main question (will the answer, for example, provide a statement on the features of something or its causes or value?)

The sub-questions describe a fitting strategy, which can be used for the search for the answers to the question.

3. Content (Phase 3)

Content concerns the quality of the content of the information used to answer the research question. The research report is based on knowledge regarding *content* and *method*. This requires a sound assessment of the sources that you have used. In **Phase 3: Assessing the material**, you have selected the relevant sources. This is obviously preceded by **Phase 2: Collecting the material**. Although **Phase 2** is not directly marked (also see §1), you can see that the quality of the sources you selected in **Phase 3** depends on your search strategy made and carried out in **Phase 2** of your study.

The *content* of the legal information, as well as the *methodological* insights must be **relevant** and used **correctly**. In order to assess the accuracy and functionality of the use of the information, the following aspects are of importance:

- Level of the legal questions;
- Answers to the sub-questions;
- Analysis of the main issues;
- Analyses and processing of
  - (International) legislation, and/or
  - Case law, and/or
  - Literature;
- Presentation of arguments;
- Legal knowledge;
- Personal insight;
- Originality; and
- If applicable:
  - Comparative law arguments
  - Legal history arguments
  - Arguments drawn from other disciplines

4. Structure (Phase 4)

Order with respect to the content focuses on the content of the findings (see **Phase 4: Structuring the report**). The content should be coherent, have a logical order and be complete. These requirements not only apply to the entire research report, but concern all levels of the report; the report as a whole, the chapters, the sections and, to a certain extent, also the paragraphs. The order regarding the content of a legal argument is of elementary importance. If a research report is well-structured, the reader can easily ascertain the essence by reading the introduction and the conclusion.[10] A research report should at least include the following:

---

10   J. G. Brouwer en C.J.H. Jansen, 'Over recht en krom schrijven' *(Write and wrong legal writing) Ars Aequi* 47 (1998) 3, p. 169.

2.3 Delineated

The research question is sufficiently delineated. This means that the research question can be feasibly answered within the type of research report that you must write. A research question for a paper of 2,000 words must be much more focused on a specific issue than a research question for a thesis of 8,000 words. In addition, the research question should not be too broad; otherwise, you would have to deal with too many issues before attempting to answer the research question.

> For a thesis, the following research question would be regarded as not sufficiently delineated: 'What are the implications of the case law of the European Court of Human Rights for the role and position of participants in criminal investigations?' This research question does not define which case law, or which participants (accused, counsel, prosecutor, judge, investigators etc.) are intended to be included. An improved version could be, 'What are the implications of the case law of the European Court of Human Rights on the presence of counsel at police interrogations for the role and position of counsel in the pre-trial stage of criminal investigations?'

2.4 Feasibility

It must be feasible to answer the research question. Some subjects are impossible to research or require a study of a scale beyond your capabilities.

> The following research question is not feasible: 'How effective is tort law in preventing the occurrence of accidents in the workplace?' How would you measure 'effectiveness'? This requires at least a beginning and an end in order to determine differences or identify trends. It implies doing empirical research (for which, as a law student, you are normally not properly educated), having a complete overview of all accidents and all cases under which damages in tort are sought, as well as all actions and reactions of employers to prevent these kinds of accidents.

The feasibility of a research is also closely linked to the precise, defined and embedded nature of the research question.

2.5 Embeddedness

Embeddedness refers to the relationship between the research question and theoretical framework.

- The areas of law to which the question relates are indicated, as well as the sub-areas, themes, doctrines, legal issues, theories, models, procedures and facts that pertain to the research question (if relevant).
- Substantive choices and assumptions are made explicit and justified, if necessary.

2.6 Relevance and originality

The research question is of sufficient interest: it must be relevant and original. This is the justification of the research question and the study. Using relevant literature and existing studies, the study
- makes plausible that there is no satisfactory answer to the question and thus that the question is original;
- explains why it is worthwhile researching this question, i.e. the academic and/or social relevance; and
- discusses that the answer given to the question is the best possible given the preconditions.

CHAPTER III
ASSESSMENT

1. Introduction

The assessment of the quality of a study assignment is based on its content and form. These guidelines distinguish four categories for the assessment of the content, which correspond with the different research phases. As you can see, not all phases are assessed directly. Phase 2, for example, on how to collect material is not directly assessed by marking it. It is, however, indirectly assessed as your argumentation is based on it. The four categories are:

I.   Research question (which corresponds to Phase 1) (see §2)
II. Content (which corresponds to Phase 3) (see §3)
II. Structure (which corresponds to Phase 4) (see §4)
IV. Reasoning (which corresponds to Phase 5) (see §5)

Style and appearance are important aspects for the assessment of the research report. Both aspects are addressed in Phase 6 (see further §6). The assessment of a research assignment is based on content as well as the style and appearance. This means that a poor mark for the content category can never be compensated by a good mark for the style and appearance.

2. Research question (Phase 1)

For a large part, the importance of a research question and the difficulty level of the solution presented by the author will determine the quality of research. 'A dissertation preferably contains an original idea which will advance legal academic research.'[9] See further **Chapter I: Academic Legal Research**, §2, in which a brief summary has been provided of what qualifies as good legal research. The research question is the common thread of the argument. **Phase 1: Preparing the research** should have resulted in a research question. The assessment of the research question will be subject to the following requirements:

2.1 Explicitness
The research question must be explicit, which means that it is recognizable as a research question. It must therefore actually pose a question or raise an issue. This is the condition, which enables the assessment of the quality of the research question. A proposition or hypothesis can assume the part of the research question. You can, for example, examine the veracity of a proposition or hypothesis – is the proposition or hypothesis correct?

2.2 Precision
Precision related to the relationship between the research question and the answer you have established. The research question gives an accurate and clear description of the question to be answered. The wording of the research question matches the explorative (open question) or testing (hypothesis) character of the study. It is clear which specific information is needed to enable you to find the answer.

---

9 J.G. Brouwer en C.J.H. Jansen, 'Over recht en krom schrijven' (*Write and wrong legal writing*) Ars Aequi 47 (1998) 3, p. 171.

CHAPTER III
ASSESSMENT

particular text word-for-word, but failed to use quotation marks or inverted commas.
Oftentimes plagiarism does not occur intentionally. It can just be through clumsiness or laziness. Nevertheless, plagiarism, regardless of the causes, will never be tolerated.

» Consult your own university for the relevant rules on and consequences of plagiarism.
» Consult the so-called *Rules for the correct reuse of material*:
http://www.surffoundation.nl/en/publicaties/Pages/Flyer.aspx.
» If you still have doubts, then consult the website of the University of Leicester. They have posted interactive programmes to explain plagiarism.
https://connect.le.ac.uk/plagiarismlaw/

7. Self-reflection

You will learn, especially from your mistakes, every single time you conduct research. As soon as your research report has been submitted you should start working out what you would change for the next time, as well as determine those aspects that you certainly would not change (*Skill 6.11: Reflecting on the research process and suggest improvements for the next time*). Have you used certain techniques to formulate your research question that did not really work very well or perhaps did? Did you use certain search terms that produced far too many search results? Did you perhaps find an informative and useful website for your field of research? Did you have problems in referencing your sources?

During your law degree, you will have to submit many different research reports. Your research will only improve if you learn from your own mistakes. Ask the lecturer for feedback and then use the feedback provided when you next need to write a research report.

After all, an academic researcher's work is never done!

CHAPTER II RESEARCH INSTRUCTION   51

An example of a reference to a book
In the footnote: Renkema 2005, p. 10.
In the bibliography   **Renkema 2005**
                        J. Renkema, *Schrijfwijzer*, Den Haag: Sdu 2005.

An example of a reference to an academic legal article
In the footnote: Schuijt 1995, p. 932.
In the bibliography: **Schuijt 1995**
                        G.A.I. Schuijt, 'Over de ergerniswekkende luiheid van ju-
                        ridische auteurs, over voetnoten, bibliografieën en ander
                        klein (?) grut', *NJB* 1995, p. 931-932.

» For more information, see:
  Oxford Standard for Citation of Legal Authorities, Oxford: Faculty of Law, Part III

Normally, references to statutory sources should be made in the text itself. Statutory sources are usu-ally not included in a bibliography (although sometimes a list of statutory material is included as an appendix or as a Table of Legislation immediately after the table of contents)

» For more information, see:
  Oxford Standard for Citation of Legal Authorities, Oxford: Faculty of Law, Part II

NB. The Blackstone's Statutes Series does not belong in the bibliography! It is also not correct to refer to these books in the main body of the text either. Always refer to the statutory provisions themselves.

References to case-law and parliamentary proceedings normally occurs in the footnotes, but these are also often included in the biography or in a 'Table of Cases' at the beginning of the research report. It is preferable to refer to cases by their case name. It is then immediately clear to which case you are referring. It is then not necessary to repeat the name of the case in the footnote.

5.6 Bibliography

Normally, a research report should also contain a bibliography. This should include a complete list of all the books, articles and other literature that you have *used* in your research report. This means that all the sources that you have referred to in the footnotes of your research report should be in-cluded in the biography. The bibliography should **not** contain all the material that you have simply read, but not included.

6. Plagiarism

Writing a research report is an intellectual process whereby the result is a written report. Every sen-tence that you write should be in your own words. Plagiarism is, concisely put, passing another's work off as your own. Plagiarism is an mortal academic sin and should be avoided at all costs. If your research report is to be graded (for example a paper, a case annotation etc.), plagiarism will **always** have consequences for your grade, but may also involve the inclusion of the notation 'fraud' on your gradelist, exclusion from the course or even the law degree itself.

When you use, summarise or paraphrase information from another source, but do not clearly refer to the source you used, you will have committed plagiarism. A more serious form of plagiarism oc-curs when you copy an entire text without clear reference to the source from which it came, or by placing the text in quotation marks or inverted commas. Plagiarism also occurs if you have copied a

Copying and using the original text in this way is known as citing. A citation should always be placed in quotation marks or inverted commas. Nothing from the original formulation may then be altered. A couple of exceptions are, however, made. Firstly, if the quotation needs to be altered for the purposes of correcting the grammar or aiding the understanding. Words may, for example, be added to the citation if this will aid the understanding of the citation. In this case, the added words should be placed between square brackets [...]. Secondly, if a quotation needs to be shortened, certain words or elements of a citation may be omitted. This is indicated using an ellipses (...).

> The author cites Savigny: 'In the words of Savigny: 'It is this diversity of positive laws which makes it necessary to mark off for each, (...), the area of its authority, to fix the limits of different positive laws in respect to one another'[7].'[8]

Be restrained in your use of citations. The research report should not become one continuous list of citations.

If you have incorporated work from other sources, you should always ensure that your words deviate substantially from the words used in the original sources. You cannot simply cut and paste text from an original source into your research report. To do so is called plagiarism (see further §6). Even adding a footnote is not sufficient.

Text and ideas that are not your own **must** be referenced in the proper fashion. If the words are not your own, then you need to follow the instructions with regard to citations. If the words are your own, but the idea is someone else's then you need to follow the instructions with regard to either paraphrasing or summarising, depending upon which is applicable in your case.

5.5 Method of acknowledging the sources

In all cases (paraphrasing, summarising and citing), you need to correctly refer to the sources used. The sources should be acknowledged in your footnotes and the biography.

No unanimity has been reached in the English language world with respect to the proper method for citing one's sources. Every legal journal, publishing house and even lecturer can uphold his or her own system.

> In the United States of America, more unity has been created with the Bluebook citation guide. This book can be purchased via the website http://www.legalbluebook.com/. Another good example is the *Oxford Standard for Citation of Legal Authorities* available at http://denning.law.ox.ac.uk/published/oscola.shtml. This system is widely used in the United Kingdom.

Both of these guides recommend the use of footnotes instead of endnotes. Nevertheless, neither guide pronounces a preference for abbreviated referencing with a bibliography or extensive referencing in the text itself. This decision is, therefore, your own. Bear the following points in mind when citing books, articles, policy documents etc. When referencing, the footnote is generally the point of departure and should, therefore, be as precise as can be, including the page numbers where you retrieved the information. The inclusion of these sources in a bibliography, on the other hand, should not be as specific and should, therefore, not include references to page numbers. If references in the bibliography include book contributions or articles, the reference should include the start and end page numbers of the document.

---

7   F.C. Savigny, *A Treatise on the Conflict of Laws*, 1849 (translated from *8 System des heutigen Römischen Rechts* by W. Gutherie in 1869) p. 6.

8   J. Fawcett and J.M. Carruthers, *Private International Law*, Oxford: OUP 2008, 14th edition, p. 6.

CHAPTER II RESEARCH INSTRUCTION

49

5. Acknowledgement of sources

5.1 Why do sources need to be acknowledged?

Your research report should contain correct referencing to the sources you have used (*Skill 6.9: Acknowledgement of sources*). This is for the following reasons:

- Justification: respect where respect is due. You are justifying the use of somebody else's work.
- Verification: correct acknowledgement of sources allows others to verify the details and opinions of the authors you have cited.
- Assistance: correct referencing enables to reader to use your research to conduct further research. You also often benefit from the references because it helps you find more sources.

You can use material from a source (data, arguments, ideas etc.) in three possible ways in your research report: paraphrasing, summarising or citing. These three methods will be discussed here.

5.2 Paraphrasing

Paraphrasing is the process whereby you use the material from one source, yet put this in your own words. The phraseology that you use should, however, be substantially different from the source material. Paraphrasing by changing a word here-and-there is not acceptable and could eventually be deemed to be plagiarism (see §6).

> The author paraphrases Mattei: 'Since the political map of the world has fundamentally changed since the Second World War, the current methods used to categorize legal systems into 'legal families' are in need of modernization.'
> The original text states: 'Current classifications in legal families, in addition to being largely Euro-American centric, need to be revised because the geo-legal map of the world is substantially different from the one charted by René David'[6]

5.3 Summarising

It is also conceivable that you do not copy the information from another source word for word, but that you summarise the information provided. Summarising occurs when you explain in rather broad terms the general aim, standpoint or argument in an author's research.

> The author summarises De Groot: 'In his work De Groot strongly distances himself from those who are of the opinion that the sovereign State may do anything that it wishes as long as this is in their own interests, without being bound by the law.'

5.4 Citing

In the majority of cases, you will be able to use the source material by virtue of either paraphrasing or summarising. However, you may sometimes desire to cite the consulted material literally. This may be useful in the following situations:

- It is important that the material be cited in the exact form, e.g. a crucial passage from a judicial decision.
- The material may be difficult to express in your own words, e.g. a dense definition
- The original material is extremely well formulated, whereby paraphrasing would not do the text justice.

If you can not express the idea better yourself then let the original talk for you.

---

6   U. Mattei, 'Three patterns of law: taxonomy and change in the world's legal systems', *American Journal of Comparative Law* 1997, p. 5-45, 10.

> For example:
> 'Some time subsequent thereto defendant, Brian Dailey, picked up a lightly built wood-and-canvas lawn chair that was then and there located in the back yard of the above described premises, moved it sideways a few feet and seated himself therein, at which time he discovered that the plaintiff, Ruth Garratt, was about to sit down at the place where the lawn chair had formerly been, at which time he hurriedly got up from the chair and attempted to move it toward Ruth Garratt to aid her in sitting down in the chair, whereupon, due to the defendant's small size and lack of dexterity, he was unable to get the lawn chair under the plaintiff in time to prevent her from falling to the ground.
>
> A more concise version is:
> 'Subsequently, the defendant, Brian Dailey, picked up a chair from the back yard of the premises and sat down. When the defendant saw that the plaintiff, Ruth Garratt, was about to sit down where the chair had been, he quickly tried to return the chair. However, he was unsuccessful, because of his size and dexterity, and the plaintiff fell to the ground.'[5]

4.4.2 Legal English

As a result of ever-increasing globalisation, the rise of the internet and the use of English in the fields of science and technology, English has become a world language, attaining the status of *lingua franca*. However, learning English is like chess: it might be easy to learn, but it is extremely difficult to master. Although you may be quite content with the level of your English generally, legal English is a completely different kettle of fish. Once you have acquired the necessary skills to communicate in everyday English, you will now need to master the art of communicating in legal English. Many words that you thought you knew the meaning of, will now possess a very different meaning in a legal context.

> For example, the word 'tender' in everyday English means soft or delicate, whilst in legal English 'tender' means to offer for sale.

Thus, it is essential that you verify the meaning of words prior to submitting your research report. Do not simply assume that the meaning is one that you know.

> For more information and practise guides on using legal English see:
> T. Foster, C. Kulkorni-van Caubergh, M. van Perzië, *Legal English for bachelors*, Deventer: Wolters Kluwer 2008.
> H. Gubby, *English legal terminology. Legal concepts in language*, The Hague: Boom 2007, 2nd edition.
> R. Haigh, *Legal English*, Abingdon: Routledge 2004
> M.B. Ingels, *Legal English communication skills*, Leuven: Acco 2006

4.5 Re-read and revise

After you have finished writing your report, ensure that you re-read the whole document, including your headings and sub-headings. Pay particular attention to the structure, reasoning and language. Re-reading is an important way to improve the quality of your research report (*Skill 6.10: Re-read en revise: re-read your own text*). However, do not re-read your text immediately after you have written it, because you will not read what you have written, but instead what you think you have written. Put the text to one side for a while, preferably a few days, and then re-read the text. You will see that a fresh look does wonders for the quality of your material. So ensure when planning your research that you factor in time for re-reading you material prior to handing in your final version.

---

5   Example taken from B.A. Garner, *Legal Writing in Plain English*, Chicago: Chicago University Press 2003, §1.6.

CHAPTER II RESEARCH INSTRUCTION

> For example:
> '… the absence of unity in the European Union, means that a number of Member States will provisionally not criminalise certain forms of tax fraud.'

This question is extremely vague: which unity?, unity between whom?, with regards which Member States?, what are the exact forms of tax fraud that will not be made criminal?

It is hopefully obvious that you also need to ensure that your language is correct and accurate (see **Chapter III: Assessment**, §6.4). All the words need to be spelt correctly and all the sentences need to be free of grammatical errors. Language mistakes quickly lead to annoyance for the reader not only towards you as an author, but also towards your text as a whole. As a result, this can lead to your research not being taken seriously.

If you doubt whether a particular word is spelt correctly, or you are not sure about the correct grammatical rules with respect to a certain sentence you have written, then it is definitely recommended to consult a language guide. The spelling control in your word processing programme is not sufficient. Words such as 'there', 'their' and 'they're' are all correctly spelt, although they have very different meanings. Moreover, even if you are not in doubt, it is always a good idea to check the language in your own writing (*Skill 6.7: Correct and careful use of language*). You can always ask someone else to read and correct your English.

> See, for example:
> M. Faulk and I. Mehler, *The elements of legal writing,* New York: Macmillan, 1994.
> D. Thomson, *Legal writing,* Kaplan Publishing 2009.
> B. Gardner (ed.), *Black's Law Dictionary*, New York: West 2009, 9th Edition.

Objectivity is an important goal in conducting academic legal research (see **Chapter III: Assessment**, §6.1). This can be better achieved by making sure that you make the text less personal and more distant.

This can be achieved by avoiding first person speech, by using the passive form and by avoiding subjective and normative opinions until you have reached the conclusion of your research report. However, do not always use the passive form. Instead, alternate regularly with an active voice (whilst still remembering to avoid first person speech!).

> For example:
> 'In Chapter I attention will be devoted to the requirements imposed on the offer. In Chapter II the requirements with respect to the acceptance will be dealt with. In Chapter III the conditions relating to consideration will be discussed. Finally, in Chapter IV the intent to create legal relations will be researched.'

In this example the passive voice has been used four times in exactly the same way. Below is an example where different forms are combined.

> 'Chapter I will be devoted to the requirements imposed on the offer. Focus shifts in Chapter II to the requirements imposed on the acceptance. The concept of consideration forms the basis for Chapter III, whilst Chapter IV centres on the intention to create legal relations.'

You should also strive to achieve a pleasant level of information density. Too much information is erroneous, but too little is also wrong. It is important that your research report be clear and concise for the reader (see **Chapter III: Assessment**, §6.5).

> For example:
> **I.**   **PART**
> **1.**   **Chapter**
> ***1.1***   ***Section***
> 1.1.1. Sub-section

Although the final chosen style does not really matter that much, it is important that you chose one style and remain consistent throughout your research report. A good check is simply to examine your table of contents. Does the table of contents provide with reader with a clear impression of your research?

> » For more information see:
> D. Thomson, *Legal writing*, Kaplan Publishing 2009.

Realise, however, that although it is essential that you strive for high quality with respect to the layout and style of your research report, they alone cannot make sure that your research report is satisfactory. This can only be achieved based on the content. Nevertheless, poor layout will have a negative impact on your final grade.

4.3.2 Sign-posting

Text is easy to follow if the reader always knows what he or she is reading. By explaining the structure of the research in the text, the reader is aided in understanding the text better.

> For example:
> The Dutch legal system will be discussed first (Chapter 2), after which the French legal system will be analysed (Chapter 3). Finally, Chapter 4 will be devoted to a number of different international instruments.

As you can see, the references to chapters (as well as to sections and sub-sections) can be placed in brackets or in the text itself. Another way to enhance the readability of a text is to inform the reader at crucial points what you are going to say.

> For example:
> This section will be devoted to the most common lacunae in the European regulations regarding the fight on terrorism.

4.3.3 Headers

When a chapter or section is reasonably lengthy, you might want to consider using headers at the top of each page. You can include the chapter or section titles in the header, thus enabling the reader to determine where he or she is in the context of the research report as a whole.

4.4 Language and style

4.4.1 Language in general

Language is *the* major tool in a lawyer's arsenal. A law degree is a linguistic study. One incorrect word or a poor formulation can mean the world of difference; suddenly the sentence means something completely different to what you had intended. In this respect, you need to realise that you cannot sit next to the reader to explain the text; the text must stand-alone and speak for itself. The persuasive power of a research report is dependent upon the way in which it is written. Therefore, in academic writing it is extremely important to express yourself very clearly (see **Chapter III: Assessment**, §6.2).

» Interim summaries and sub-conclusions will force you to re-read your chapters and identify the most important conclusions. In this way, the final conclusion to your research question will be much easier to write.

Normally speaking, you will read a lot of material that is only partially relevant for your subject. You will, therefore, need to select the information, which you wish to include in your research report. The research question should be act as a guiding star in this respect (see the selective working of the research question, **Phase 1: Preparing the research**, §7). Other factors such as your audience and the report form will also play a role here. A well thought through selection is necessary to ensure that your research report remains readable.

4.3 Appearance and layout

4.3.1 Chapter and section structure
Academic legal research reports mainly consist of text. It is, therefore, of the utmost importance that your text is formatted in such a way that it enables the reader to quickly find his or her way through the material (see also **Chapter III: Assessment**, §6.3). A clear structure divided into chapters, sections and possibly sub-sections assists in this process. The internal correlation of your report is made clearer by numbering the sections and sub-sections (*Skill 6.8: Layout: Headings, font etc.*). See also **Phase 4: Structuring the research**, § 3 for more information regarding the structure of sections (See *§3: Main body of the text*).

An example of a division into chapters and sections:
I.	Part
1.	Chapter
1.1	Section
1.1.1	Sub-section

Do not take the division of sub-sections any further than four numbers. Nobody has any clue how section 2.5.3.2.1 is related to section 2.5.2.3.1. Therefore, keep the sections to a maximum of 1.2.3.4. The more numbers you require in your divisions you need, the more you should need to question whether your structure is correct.

All chapters and sections should also be labelled with headings. A well-chosen heading should immediately inform the reader what he or she can expect to read in that particular section. In this sense, it is a mini-summary.

A title such as 'A number of observations on criminal law' does not particularly inform the reader. What do the observations relate to one another? If the section discusses different levels of intent then use the title 'Levels of intent'. Subsequently, it would be obvious to divide this section into sub-sections distinguishable on the basis of the different levels of intent, such as 'intent', 'subjective recklessness' and 'objective recklessness'.

Besides the structure, the layout and formatting of the text can also ensure a better overview for the reader (see **Chapter III: Assessment**, §7). Choose a font that is easy to read, for example Calibri, Cambria, Times New Roman, Book Antiqua or Arial. You can also use different fonts, sizes or title styles for the chapters and/or sections and sub-sections. However, be careful not to overdo it; too much variation can make the text appear cluttered.

The best way to evaluate and improve your presentation is to practise (*Skill 6.4: Practising the presentation*). In fact, practise, practise, and practise! Stand in front of a mirror and rehearse your presentation or run through your presentation with your friends, housemates, family members etc. and ask for feedback. Alternatively record yourself. It is extremely useful and educational! Many universities also offer courses in presentation skills, which can also be very useful.

Finally, when you have been granted a certain amount of time for a presentation, for example 10 minutes, then practise beforehand and record the time you have used. Make sure that you neither exceed the time limit nor have time over. There is nothing more annoying than being in the audience and having to listen to a presentation in which the speaker cannot finish his or her speech because the chair has to close the session. In the similar vein, ensure that you fully utilise the time that has been provided. The audience will be expecting a speech that will last the allotted time and will thus not entirely be content if you only utilise half of the time granted. In both situations, your message simply runs the risk of not coming across properly.

4. Written presentations

4.1 Introduction
Nobel Prize winner Herbert Simon once stated:

> 'Everybody who tries to write a book quickly learns of the fundamental incompatibility between a simple linear string of words that he must write down and the complex web of his own thoughts.'[4]

The problem is that you first need to shape your thoughts before you can organise them. Actually, these two different phases need to be attacked independently. Do not expect that the first version of your research report will also be your last. It is never possible to do all the different steps in one go. Therefore, do not try to write your report, clarify the content and simultaneously organise the structure of the text and perfect your style. Revision is an essential component of the research cycle. Use your first version to clarify your content. Subsequent versions can then be used to reorganise your material and perfect your style and layout. Sometimes a second version is already sufficient, but more-often-than-not, you will need four or even five versions before you have a satisfactory result.

4.2 Content
The quality of a written piece is obviously enormously dependent on the content (*Skill 6.6: Content: Informative, correct arguments, consistent etc.*). As a result of all the preparatory work in **Phases 1 through 5**, the appraisal of the quality of the content should simply involve checking that you have indeed incorporated everything that needs to be included. At this stage, it is essential that you look at the assessment criteria listed in **Chapter III: Assessment**.

When you designed your research plan, you will have constantly revised your research question to ensure that the research question expresses exactly what it is you want to research. This process is no different when you turn your attention to the writing of your research report. Sometimes your thoughts with respect to Chapter 2 will only be fully formed at the moment that you have finished writing Chapter 4. Accordingly, you will have to rewrite sections of Chapter 2. Sometimes this will entail a new structure to provide more logic to your thoughts. Do not, therefore, be afraid to restructure your research report. More-often-than-not changes to your structure, and even your research question, can lead to improvements in the overall quality of your research report.

---

4 H. Simon, *Administrative Behaviour: A study in decision making processes in administrative organizations*, New York: Macmillan 1957, p. 21.

Chapter II Research instruction

3. Oral presentations

Regardless of your current or future occupation, you will almost certainly be asked at some point to orally present your work. That can be in the form, for example, of legal pleadings or a presentation as an in-house company lawyer during a meeting. It is, therefore, important that you practise your oral presentation skills during your study. The more often you practise, the more opportunity you will have to reflect upon your own presentations and learn from others. After all, practise makes perfect!

Two different constituent categories of good oral presentations can be distinguished, namely (1) the content-related aspects and (2) the support-related aspects. This instruction will, however, not be devoted to an extensive discussion of these different skills. Instead, a few brief general pointers will be provided, followed by a number of references specifically devoted to oral presentation skills.

With respect to the content-related aspects of a presentation, you need to be aware of the following guidelines to ensure that your reasoning is as convincing as possible.

> » Maintain a logical order (inductive: from special to general, or deductive: from general to specific)
> » Formulate a number of authoritative, but verifiable arguments
> » Connect with your audience, talk to your audience with well-chosen examples or comments
> » Anticipate counter-arguments
> » Ensure a sympathetic, expert and trusting manner[3]

There are many books available about oral presentation skills. If you doubt your oral presentation skills, consult one of the following books.

> » A. Bradbury, *Successful presentation skills*, London and Philadelphia: Kogan 2007
> » C. Kee, *The art of argument*, Cambridge: CUP 2006
> » I. Smitkamp, *Turning words into speech*, forthcoming 2010

Once you have prepared your presentation, you can now shift your focus to the presentation itself, namely the support-related aspects. In this case, think about the following general pointers (*Skill 6.2: Can use audio-visual aids* and *Skill 6.3: Useful pointers for oral presentations*):

> » *Presentation itself*

Speech:	Volume	*Behaviour*	Stance
	Articulation		Gestures
	Speed		Eye-contact
	Intonation		

> » *Use of audio-visual aids*
> Which audio-visual aids? For example, PowerPoint, video clip, whiteboard etc.
> For which sections of your presentation do you want to use these audio-visual aids?
> Which effect will the audio-visual aid have on my presentation? For example, will it lead to less or more interaction?

---

3   This list is based on F. Hilgers & J. Vriens, *Professioneel presenteren. Handleiding bij het voorbereiden en verzorgen van informatieve en overtuigende presentaties*, Den Haag: Sdu 2003, p. 50-53 (*Professional presentation. Guide for the preparation and presentation of informative and convincing presentations*).

Phase 6: Reporting the research

1. Introduction

After the previous research phases have been completed, the time has come to begin writing your final research report. This seems simpler than it really is; all you have to do is write down what you have researched, how you have researched it, why you have researched it and what the results are. Nonetheless, the writing process is a difficult and often lengthy process. Why is that? The origin is that in nearly all cases the first version is not the final version. Often you will work on one section at a time (one paragraph, one section, one chapter etc.). Only when you turn your attention to the following paragraph, section or chapter, do you realise that your previous work needs to be modified or even entirely rewritten. Sometimes you may also have gained new insights or been given feedback, thus leading to the need to amend your report. Writing a research report is noteworthy for revision, revision and still more revision. You need to consider many different aspects all at the same time. All these aspects will be dealt with in this section:

1. *Audience*: for whom are you writing and what do they know/think about your topic? (§2)
2. *Form*: do you need to present orally or in writing? (§3 en §4)
3. *Content*: what do you want to know exactly? (§4.2)
4. *Structure*: what belongs to what and where do you put it? (§4.3)
5. *Phraseology*: how do you write everything clearly and precisely and in correct English (as well as correct legal English)? (§4.4)
6. *Referencing*: what are the rules for citations, footnotes and are all the sentences my own work? (§5 en §6)

2. Audience characteristics

The audience for whom you are writing – your public – will determine the style, tone and level of difficulty of the research report. Although the readability and quality of your written research report or the quality of your oral presentation should not differ per audience, the chosen style, tone and level of difficulty will be of the utmost importance as regards the persuasiveness of your research (*Skill 6.1: Understand the influence of the audience on the form of the research report*). If the members of the audience all have the same background, they will be able to understand certain information without difficulty. This, therefore, reduces the amount of information that you need to explain.

> The style of a bachelor dissertation will be different from that of a subjective editorial for an academic journal.
> The style of a presentation for law students will be very different from that for a seminar held for practising lawyers.

Keeping your audience in mind is also important with respect to the knowledge that you can presume they have. Are you writing or presenting about adoption law for a practising family lawyer who is specialised in adoption law or for a general legal public? In the first case, you can quickly pinpoint the essence of your arguments, thereby immediately applying concepts and theories from the field of adoption law. In the latter case, you will first need to explain concepts and theories, possibly using examples, prior to delving deeper into your topic.

A general rule of thumb is that you need to include enough information to achieve your goal. The rest is simply unnecessary. By including this unnecessary information, you run the risk of drowning your audience with information, whereby their attention can be easily lost. Moreover, this makes your structure much more difficult to grasp.

CHAPTER II RESEARCH INSTRUCTION 41

4. Your own contribution and information from others

Furthermore, it is highly important for the plausibility and acceptability of your argument that you make a clear distinction between your own ideas and the information you have derived from others. The assertions should be based on arguments in both cases. You should supply arguments to support your own view: on what information and considerations is it based? You may only use the points of view or information derived from others if they are well founded. Only points of view and information that are academically scrutinised are of importance in legal academia. This means that the points of view are based on relevant (legal) sources and relevant (legal) literature. It must be a well founded view and clear how it has been established.

To indicate that you have used information that is derived from others you should **always** acknowledge your sources: what does the information mean, who wrote it and where was it published. The reader should be able to verify what the information of others contains and whether you have represented it correctly. The acknowledgment of your sources is usually done in footnotes and a bibliography (see *Skill 6.9: Acknowledgement of sources*). For further information see **Phase 6: Reporting the research**, §5.5. Perhaps: a source should only be mentioned if you have actually consulted it and used information from it. Sources that you have encountered in the writings of others, but have not checked yourself, should therefore not be included in footnotes or in the bibliography.

3. Structure of the arguments

Obviously, your arguments should not contradict each other. Nor should your reasoning have any gaps; your argumentation should be complete. In this context, a distinction must be drawn between dependent and independent reasoning.

Dependent arguments are those that cannot carry a conclusion by themselves, but can if taken together. A dependent argument can, but obviously should not, contain a gap in the reasoning.

> If you want to argue that a person is liable for damages under a tort, it does not suffice to substantiate the illegality of the act. You will need to provide evidence (or more building blocks), such as the fact that the act was unlawful to the victim, that the damage was caused by the wrongful act and that this can be attributed to the person.
>
> All these building blocks are necessary for a finding of liability under tort. If you omit an argument, this will create a gap in your argumentation.

You will not find any gaps in an independent argument. This is an argument in which each individual claim is sufficient to confirm the position.

> One could substantiate the equality of men and women using moral arguments (human dignity), legal arguments (with reference to international and national human rights standards) and economic arguments (the waste of human capital). Each (type) of argument can carry the position. In this case, multiple arguments are given to make the argumentation more convincing. The omission of a (weaker) argument does not create a gap.

Repetition should be avoided, though you may recapitulate to improve readability.

Authorities within legal literature have already been noted on a number of occasions in this instruction. It has been stated that it is the strength of the argument that should prevail and not the authority of the person. This usually means that the person who said something is of lesser importance than what has been said. As a rule, this means that a list with opinions of writers is not the best way to provide the foundations for an argument. It is best to order the authors' views according to the sort of argument they present (*Skill 5.4: Structuring the arguments according to meaning and priority*).

If you want to study the limits of the court's duties regarding the creation of law by the judiciary, you should not discuss the arguments of the authors from A up to H in order. You can state that the *trias politica* lays down a number of principal restrictions which you then specify with details in the footnotes on the writers who have introduced that argument. You may then proceed with practical restrictions that you can then divide, naming the scholars who have drawn attention to these practical restrictions.

The classification of the arguments not only refers to the ordering of the types of arguments, but also to the weight of the arguments. Draw a clear distinction between the principal and additional arguments, and indicate why this distinction has been made (*Skill 5.3: Analysing and balancing the arguments*). When structuring arguments, determine whether any of them are subordinate to others (see the §1). Organise your arguments in text elements such as paragraphs and subparagraphs (see **Phase 4: Structuring the report**).

» Do you want to know more about legal reasoning, see J. Stelmach and B. Brozek, *Methods of legal reasoning*, Dordrecht: Springer 2006, Chapter 4, p. 111-165.

CHAPTER II RESEARCH INSTRUCTION

2.4 Logic fallacies

A fallacy is an argument that is incorrect, as a result of which the validity or acceptability of the argumentation is undermined. There are many kinds of fallacies. This is not the place to address fallacies extensively. It will be sufficient here to cite a number of examples of frequently-occurring fallacies.

» A proposition is assumed to be true because there are no arguments to prove it is untrue. Or the other way round: a proposition is regarded as untrue because there is no evidence to prove its truth. This fallacy occurs in the examples on the combat of tax fraud by European rules. It is clearest in the 'opinions' example: it contests the proposition on the combat of tax fraud by European rules because it cannot be guaranteed that European rules can effectively combat tax fraud.

» Alternative explanations or solutions are overlooked. The fact that blasphemy has not been prosecuted for a long time does not mean that the Public Prosecutor's Office has not thought it expedient to prosecute. After all, it could very well be that the police have failed to act upon it.

» The fallacy of rush generalisation: general conclusions are drawn from a few cases only. This is what occurs, for example, when only a few opinions found in literature or a single court decision leads to a general assertion.

» The authority fallacy: The authority of a person, institution or source is used to underline the accuracy of a proposition, whereas this person, institution or source is not accepted as an authority by the reader. If the reader does not accept the authority, the point of view no longer has a foundation.

2.5 Arguments based on authority

Legal academics often use authority arguments. Think of references to rulings from courts such as the Supreme Court, the Administrative Disputes Division of the Council of State, the European Court of Justice or the European Court Human Rights. However, these references will only be authoritative if, for example, they are recent and indicate the state of law. These cases would not necessarily be authoritative in a legal line of reasoning with regard to how the law should be. Of course, references to these sources should be made in correct fashion (see **Phase 6: Reporting the research**, §5.5).

There are also authorities within legal literature, specialists in a particular area and other influential writers. Although these may be presented as authorities, it is best not to take this for granted. After all, in (legal) studies the strength of the argument prevails and not the authority of the person. The strength of an argument, as may have become clear by now, is formed by sufficient, adequate and convincing reasoning. If you have to assess your own texts critically, you should do the same with other peoples' texts.

Nonetheless, we can provide some clues. You may assume that all sources present in university libraries can be used for your research. Do not forget to remain critical! *(Skill 3.2: Insight in the academic character, quality and reliability of a text)*. This means, for example, that text books used in the first year are less authoritative than manuals used in the third year, which are also used by researchers. These books usually contain more detail and examine subjects in more depth. The status of journals may also differ. Ask yourself whether the journal publishs academic articles or simply reproduces short opinions or practical information for the professional practice.

2.1 Sufficient reasoning

» If you want to establish the scope of freedom of religion, do not confine yourself to the provisions in the Constitution. This will not suffice. You will also have to consult the *travaux préperatoires*, case law and literature. Besides, international sources of law regarding the scope of the freedom of religion are also relevant.

» If you want to prove the desirability of something, it is not sufficient to list the advantages. You will have to name the disadvantages and reason, in accordance with criteria, why the advantages outweigh the disadvantages.

» If you want to describe the state of affairs in legal literature, it is not sufficient to provide a number of publications that you came across 'accidentally'. This will undermine the reliability of your research.

2.2 Relevant reasoning

» If your argument is that a parent giving a corrective slap to a child is punishable, you will have to adduce assertions from case law, literature etc. in the area of criminal law, but you cannot – at least not without any further reasoning – rely on the duty parents have towards their children not to hurt them according to private law principles.

» A normative assessment is not appropriate when describing something; keep these two aspects of your research separate.

2.3 Convincing reasoning

» If your answer to a sub-question requires the clarification of a legal term you cannot use Wikipedia, nor is the definition found in a dictionary authoritative. Legal sources are far more convincing here (such as the provisions with the definitions in statutes) and if they do not give any clues, you will have to use a description from a source of legal literature.

» Be consistent in your use of terms with a particular meaning or state clearly when you use them in another meaning. So you should not use terms randomly. The meaning of child abuse in a policy document, for example, may be wider than when used in a criminal law context.

» Avoid vagueness or generalities. Look at the following quotation:

'It has been said that tax fraud can only be combated by European rules. This assertion reflects, in my view, an approach of the combat of European tax fraud which is too biased. The European Union's powers are unable to provide a sufficient guarantee that tax fraud can be effectively combated. Furthermore, for the time being, due to the structure of the European Union such an approach does not provide a practical solution to our problem.'

This quotation is a variant of the example which only cited opinions (see §1 above). There are two differences with the 'opinions' example. The standpoint has been toned down (from 'completely wrong' to 'an approach … which is too biased') and the arguments are more balanced ('a sufficient guarantee' and 'for the time being'). Obviously, firmly worded points of view demand strong foundations.

This toned-down quote, as opposed to the earlier quote, refers to the powers and structure of the European Union – but these arguments fail to provide sufficient foundations for the assertion to turn it into convincing reasoning. Why do 'the' powers and 'the' structure of the European Union fail to provide a guarantee for an effective or practical solution to the problem; what are the restrictions of those powers and the structure and how are these related to the 'efficiency' and the 'practice'?

If you receive criticism of your research report being too superficial, this often means that your research is not convincing because the building blocks that you used were not detailed enough, which in turn often means that you have not used sufficient arguments.

CHAPTER II RESEARCH INSTRUCTION   37

PHASE 5: STRUCTURING THE REASONING

1. Introduction

The object of conducting research is to provide a well-founded answer to the main research question, which is often broken down into several sub-questions. The arguments underpinning this answer may consist of descriptive 'building blocks' if it is a descriptive question, or normative 'building blocks', such as considerations or opinions, if it is an evaluative question (see *Skill 1.5: Understanding the different types of research questions and the ability to select the research question which is most suitable for your own study*). All these factual or normative building blocks or assertions to answer sub-questions are called arguments. The answer is called a conclusion or opinion. The answers need to relate to your sub-questions and therefore, indirectly, to your research question (*Skill 5.1: Ability to link with the research question*).

In the world of academia, opinions are expected to be based on arguments. One does not express opinions or make pronouncements randomly. For example:

> 'It has been said that tax fraud can only be combated by European rules. This assertion is, in my opinion, completely wrong as there is no guarantee whatsoever that tax fraud can be effectively fought by EU regulations and guidelines. Furthermore, such an approach does not provide a practical solution to the problem.'

According to this assertion, something is 'completely wrong', 'not effective' and 'not a practical solution'. These are clearly opinions, but the arguments on which they are based are conspicuously absent.

A combination of arguments and a conclusion or standpoint together forms the line of reasoning. Part of this reasoning can be a sub-conclusion or interim-standpoint, which then serves as a building block or argument for the next sub-conclusion etc. In this way, the arguments and answers to the sub-questions form the line of reasoning. A research report is thus a series of arguments. Such a series is called multiple or complex reasoning. Due to the hierarchy between the sub-conclusions and the final conclusion, such a structure is referred to as subordinate argumentation.

2. Analysis of the arguments

Arguments are assertions making a standpoint, interim-standpoint, interim-conclusion or conclusion plausible or acceptable. Therefore, assertions should only be presented if they are sufficient, relevant and – in their internal coherence – convincing enough to carry the conclusion (see **Chapter III: Assessment**, § 5). To do this you will need a thorough knowledge of the subject your assertion refers to (*Skill 5.2: Identifying the arguments for and against different points of view*). You will also require the ability to assess your own text critically.

> Critical questions include:
> - Have I introduced sufficient arguments to answer the research question or sub-question, so there are no *lacunae* in my reasoning?
> - Are all my arguments related to the subject or are they superfluous?
> - Is the wording of the arguments sufficiently precise and understandable; have I explained, for example, vague or unclear terminology adequately?
> - Is my reasoning correct? Is it logically valid? Have I used any logic fallacies?

4. Conclusion

The conclusion furnishes an overview of the answers to the sub-questions and the main research question. A reader who needs to acquire a quick idea of what it is that you have researched must be able to do so by only reading the introduction and conclusion. The conclusion, therefore, needs to contain all the answers to the sub-questions that you have drafted in the introduction (*Skill 4.5: Understanding the function of a conclusion*). This also means that the conclusion should be limited to information following directly from your research results only. The assessment criteria for the conclusion can be found in **Chapter III: Assessment, § 4.3**.

Obviously, the answers given must fit the type of research question they address. If the answer to an evaluative question is descriptive, something went wrong along the way. An evaluative question must always be answered in an evaluative fashion. If not, your reasoning is not adequate (see **Chapter III: Assessment**, § 5.5).

The answers to the sub-questions should not be summed up, but remain recognisable in an overall analysis in which you present the main results of your study. This overall analysis is more than a summary (*Skill 4.6: Ability to draft a conclusion*).

> 'The conclusion is that the way in which Article 31 of the European Insolvency Regulation (EIR) has been used offers insufficient basis for an effective and efficient settlement of cross-border insolvency proceedings in Europe. The duty of co-operation between curators stemming from Article 31 EIR requires further definition, because the current formulation provides little clarity for practitioners. Furthermore, Article 31 EIR has three gaps. First (....), Second (...), Finally (...). The courts are left to decide whether co-operation with relevant courts of other Member States contributes to an effective and efficient settlement of assets in cross-border insolvency proceedings.' [2]

Obviously, the analysis should provide an answer to your main question.

> » Be aware of jumping to conclusions or drawing general conclusions that are too general, such as 'the' confidence in 'the' administration of justice in The Netherlands.
> » Do not present any new information in your conclusion.
> » Take a good look at the examples and explanation in **Phase 5: Structuring the reasoning**.

Your analysis may lead to the conclusion that still more questions remain. There is nothing wrong with mentioning them. You can conclude that some issues require more research. If so, you should mention them.

---

2 George ten Hagen, 'De samenwerkingsplicht tussen curatoren in Europa', *Juncto (School of Law magazine, Utrecht University)* 21.3, p. 52.

CHAPTER II RESEARCH INSTRUCTION   35

3. Main body of the text

The main body of the text is the core of the research report (*Skill 4.3: Understanding the function of the main body of the text*). This core affords answers to the sub-questions in a *structured* and *well-founded* way.

The structure of the entire research report should be clear, so elements of the text and the main body of the text should be too. The structure can be clarified by dividing the main body of the text into clear units addressing parts of the subject. A chapter (with an introduction, main body and conclusion) is the largest unit of a longer research report, shorter papers usually have sections (*Skill 4.4: Ability to draft the main body of the text*). The assessment criteria for the body text can be found in **Chapter III: Assessment**, § 4.2.

> » You can often organise your chapters or sections along the lines of the sub-questions and the definition of your problem.
> » Avoid using questions in a title of a chapter or section.

The type of research question can offer some guidance for the structuring of the body text in chapters and/or sections (see also **Phase 1: Preparing the research**, especially the explanation of *Skill 1.15: Ability to use the research question to create chapters with subsections*). For a comparative legal study in which you compare two or more subjects for example, it is quite normal to write at least two chapters or sections on individual subjects, followed by one or two chapters in which the similarities and differences are analysed (also known as successive comparison, as opposed to simultaneous comparison). Also the perspective from which you describe a problem (for a descriptive (sub-)question) or evaluate a problem (for an evaluative (sub-)question) can help in structuring the body text.

> Let us take the evaluative studies on religious pluralism and DNA-(self)tests in the previous section as an example. In both studies, the issues are assessed from a human rights perspective. This includes both human rights law at the domestic, as well as the international level. This dual perspective is reflected in the structure of the two research reports. First, a chapter or section presents the background or context of the problem. Then, the national and international and/or European human rights perspective are dealt with in two chapters or sections. In the final chapter or section, these perspectives are evaluated.

Longer parts of text within a section, consisting of multiple items, can be distinguished using sub-headings.

> » Be aware that sub-headings should cover the content of the text they precede and that this text should be understandable even without the sub-headings. Sub-headings are an instrument to structure the text; they are not part of the content. Consider concluding chapters with short sub-conclusions or reflections.

Longer parts of text addressing more than one aspect within one section can be separated by sub-sections. Sections addressing an aspect of the subject should be further organised in paragraphs. In principle, a paragraph should never cover more than one page and should contain on average six to seven sentences. Paragraphs contain one core idea or theme. The first sentence usually presents the core idea, which is then followed by elaboration of this idea.

The separate sections addressing an aspect of the subject should not be considered separately. To clarify the relationship between the different sections, you can use transitional words and linking words ('Firstly', 'Secondly', 'Furthermore', 'On the contrary', 'Other than', 'Finally' etc.) You can use the same techniques as discussed in **Phase 3: Assessing the material** with regard to reading the work of others.

> 'This study takes a human rights stance to discover when and to what degree limits may or should be imposed on religious pluralism.'

In a good introduction you will also find a general description of the research plan: which issues or problems can the reader expect to encounter on the basis of the research question and sub-questions, and in what order? In addition, the subject of the research is defined (insofar as that cannot be done through the research question and sub-questions). To achieve this, you must not only describe what your research will be about, but also the topics that you will not deal with and – where necessary – why. If necessary, you can also clarify concepts, unless this would require too much space (for example if these concepts are the focal point of your research, and will thus be dealt with in more detail later).

> Loenen also limits the scope of her research. She clarifies that, when looking at the 'law', she studies both domestic law and European law. This implies that she does not include any other international legal sources other than European law in her research. She also indicates that although cultural pluralism is not clearly separated from religious pluralism, she will not deal with predominantly cultural expressions of pluralism such as honour killings or female circumcision.

2.3 'How': methodology and structure

In your introduction, you will usually indicate which method you have used to answer your research question (*Skill 4.2: Ability to draft an introduction*). As legal research usually consists of literature research and legal sources, this step is sometimes omitted. It is sensible, however, to justify what kind of literature or sources of law (e.g. only academic literature, only criminal cases) you have studied and, where relevant, how you have done this.

Your methodology will depend on the type of research question (and its sub-questions) you have chosen. In a comparative legal study, for example, you will have to justify the jurisdictions you have selected. In a case law study, you will have to explain the criteria you have used for selecting the cases (see **Phase 1: Preparing the research**).

Finally, the introduction serves as a reader's guide to how your research report is structured (by chapter/section). Often, you will find that a preview of the structure offered in the introduction is very similar to the overall research plan.

> An example of a combination of an overall research design with a reading guide can be found in the following article. In this article the question is discussed whether the government should restrict the sales of DNA-(self)tests in order to protect the health of consumers and/or to protect the rights and freedoms of others:
>
> 'For a good understanding of the subject, this article begins with an explanation of how DNA-(self) diagnosis can help to detect (latent) diseases present in the body and how this can benefit the user (Section 2). Subsequently, a definition is provided of the principles of autonomy and protection as interpreted in jurisprudence, conventions on human rights and the case-law of the ECtHR (Section 3). The relevant laws and regulations in The Netherlands and their implications for the use of DNA-(self) tests will then be discussed (Section 4). This article concludes with a discussion section on the question whether access to DNA (self) tests should (not) be regulated from a human rights perspective (Section 5) and some general conclusions (Section 6).'[1]

---

1   R. van Hellemondt, A. Hendriks & M. Breuning 'Vrijheid, blijheid? Het reguleren van DNA-diagnostiek in de zorg vanuit mensenrechtelijk perspectief', *Nederlands Tijdschrift voor Mensenrechten/NJCM-Bulletin* 2010, p. 7-8.

CHAPTER II RESEARCH INSTRUCTION   33

PHASE 4: STRUCTURING THE REPORT

---

1. The structure of the research report

The material you have collected in order to answer the research question will at a certain point need to be structured. In doing this, pay attention to the content: what needs to be included, and where? An adequate, selective research question and a logical set of sub-questions (see **Phase 1: Preparing the research**) are extremely useful in attaining a sound structure. Regardless of the content, any research report consists of:

- an introduction (§2)
- a main body of text (§3)
- a conclusion (§4)

2. Introduction

The introduction should make clear what the reader can expect in the rest of the research report. The introduction indicates 'why', 'what' and 'how': why a topic was studied (reason and context), what exactly was studied in relation to that subject (research question and sub-questions) and how that subject was studied (methodology and structure) (*Skill 4.1: Understanding the function of an intro-duction*). The assessment criteria for the introduction can be found in **Chapter III: Assessment**, §4.1.

2.1 'Why': reason and context

You usually begin your introduction with an engaging outline of your subject. This can be done, for example, as a response to a recent court decision, a debate in parliament or an interesting article in a magazine. In other words, you describe the importance of your research (*Skill 4.2: Ability to draft an introduction*).

> Loenen begins the introduction of her book *Geloof in het geding, Juridische grenzen van religieus pluralisme in het perspectief van mensenrechten*, Den Haag: Sdu 2006 (*Belief in question. Legal boundaries of religious pluralism in human rights perspective*) with a number of topical questions for discussion about religious pluralism. Some of these are:
>
> 'Does a public school need to accommodate for Muslim parents who do not want their daughter to participate in gym class without a headscarf or shorts? [...] Should public servants, including police officers and judges, be allowed to wear a headscarf in the exercise of their functions?'

2.2 'What': research question and sub-questions

The research question and sub-questions should be incorporated in the introduction of the research report. This can usually be done by using an outline of the subject (as described above) to reach a well-defined research question, which is then developed into a number of sub-questions (*Skill 4.2: Ability to draft an introduction*).

> Loenen further defines the subject of her research in response to the above questions. The questions deal with the boundaries of the new religious pluralism in The Neth-erlands, which has arisen as a result of the growth and presence of large groups of Muslims in the country. Subsequently, the author further focuses her attention; she wishes to discuss the limits that the law, or more specifically human rights, can impose on religious pluralism. The research question is then a logical consequence:

» Read critically

- Ask yourself with everything you read whether it corresponds to what you already know or think.
- Does the text correspond with the facts?
- Is the point of view or conclusion well-founded?
- Can the assertion stand the test of academic scrutiny: a description of the facts or a logical conclusion, or is it a normative judgement which does not say anything about how something is but only how it should be? And if the latter occurs: is the judgment based on a tenable theory? (*Skill 3.2: Insight into the academic character, quality and reliability of a text*).

If you are unable to establish whether an assertion is true, the least you should do is make notes about the points you have doubts about, you do not agree with or you think are vague. Maybe you can think of an alternative, formulate your objections and write down what you think is a better option. Also pay attention to the research question and the structure of (a part of) a text. Are the separate parts correct and do they correspond? The steps you have taken to design your research plan (**Phase 1: Preparing the research**) can now be used to make a critical assessment of the writer of the article you want to use for your own research. What is the writer's aim? What does the writer want to describe, compare, evaluate, explain, design or predict? And if that is what he wants to do, does he ask the right questions and provide the right answers?

» Read 'with your pen'

Finally, it is a good idea to have a piece of paper and a pen always at hand to enable you to mark the text and make notes (not in library books, of course!). Marking a text includes underlining, highlighting, circling, double-lining and placing exclamation marks and question marks in the margin. Making such markings not only improves your concentration, but it also helps you to gain insight into the structure of a text. Besides marking, you will have to make notes when you start writing your research report. Make a note of all the information you can use to answer the sub-questions: brain waves, questions, relationships, points that stand out, the meaning of difficult words etc. If necessary, make a summary of the subjects and the structure of (a part of the) text.

After having collected all the sources and having assessed which sources you can use for your research question, you should organise the material and analyse it.

CHAPTER II RESEARCH INSTRUCTION   31

be necessary, depending on your research question, to avoid restricting yourself to academic legal sources, and instead you may also need to consult other academic material form other disciplines, such as social sciences research measuring the effects of a particular legal instrument. Since social sciences research generally must satisfy strict requirements with regards methodological justification that are not always applied to legal studies, such research can be a valuable source of information, particularly regarding questions concerning efficiency.

4. General reading advice

Below you will find tips for the assessment of sources, but they are also useful for **Phase 4: Structuring the report** and **Phase 5: Structuring the reasoning**.

» **Activate your prior knowledge**
Prior to studying a text you should ask yourself and write down what you already know about the subject. You will be better able to understand new information and your ability to retain it will improve if you can link it to the things you already know.

» **Read selectively**
Many people think that only after you have read an entire text from A to Z will you have properly studied it. They assume that everything in a text may be of importance and should, therefore, be read. Moreover, they think they have to follow the order of the text. These assumptions are wrong. Much of what a text contains may be irrelevant for your research. Furthermore, the important points in a text are easy to find if you only know where to look. The core issues of an article or argument are not spread randomly over a text, but are usually found in set sections also referred to as 'preferential positions'.

» **Read searchingly**
Consider reading as looking for answers. You should, therefore, bear your sub-questions in mind whilst reading. After reading each page or paragraph, you should ask yourself the question 'is this related to my subject?' and/or 'will I be able to find an answer to my question here?'. If the answer is affirmative, you should read the section thoroughly. If you cannot find anything to suit your needs, you should proceed quickly to the next passage or section. It is often worthwhile to use the structure and outward appearance of the text in your quest for useful information. Academic texts often have all kinds of clues to help you with this.

1 Firstly, you can use typographical clues. Think of titles, headings, words printed in bold or in italics, underlining, dashes, extra spaces between the lines, indentations etc. (*Skill 3.4: Ability to assess general legal sources*).

2 Secondly, there are transitional words. These are words that say something about:
- The way the information is ordered, e.g. 'firstly', 'secondly'
- The character of the information, e.g. an introduction or conclusion
- The importance of the information, e.g. 'as an aside', 'the essence is ...'
- The relation of the assertions to each other, e.g. 'because', 'although'

3 Thirdly, you can take advantage of organising paragraphs. These paragraphs provide information on the structure of a text. An example: 'First of all we will address..., subsequently..., and finally.

4 Fourthly, there are the preferential positions mentioned above where you will often find the core information of a text or paragraph. The most frequently-used preferential positions are the introduction and the conclusion of a text and the first and last line of paragraphs.

Phase 3: Assessing the material

---

1. Selection of the useful sources

The information found should now be examined in detail, which primarily means: reading. Start with the sources in the category 'probably or quite certainly relevant'. There are many ways of reading, depending on your goal. For example: inquisitively (can I find an answer?), thoroughly (what does this answer really mean?) or critically (is this answer correct?). In this phase of the research, we recommend you scan: searching and making lists – assessing the information for relevancy to your study (*Skill 3.1: Identifying the sources that can be used*). Examine, for example, the table of contents of a book, read the introduction, conclusion and summary, if any, of articles, (sometimes in the *header)* and the italics in case law. It is a misunderstanding to think that all information should be scrutinised in detail. This stage of your research is still about making a selection from the material that qualifies to be scrutinised – and that amount, considering the time available, should not be excessive.

2. Authority of the sources

The academic character and quality of a text play an important role when assessing whether the information found is relevant. The point of departure should be to try to find sources with as much authority as possible (*Skill 3.2: Insight into the academic character, quality and reliability of a text*). In this respect, also take into account the hierarchy of the sources, which has already been referred to in **Phase 2: Collecting the material**. A court decision on the meaning of a statutory provision, particularly if it is delivered by the highest court, is more authoritative than (any deviating) explanation in an academic article. An article in the *Nederlands Juristenblad* (NJB) or the *Modern Law Review* (MLR) is generally to be preferred over a contribution to an internet forum. Always try to find primary sources; if an author refers to case law, for example, you will need to find the case itself before being able to refer to it.

Of course, you can use sources such as dictionaries, encyclopaedia and last but not least the Wikipedia for information on a subject, but you should avoid reference to such sources in your academic research report. Citing such sources makes for a poor impression and should be avoided as far as possible (*Skill 3.4 and 3.5: Ability to assess general and electronic legal sources*). Do not assume that the information on the internet and Wikipedia, in particular, is correct or certainly do not take it to be the only truth. Generally speaking, be critical, especially with respect to sources that have not been sieved by the peer-review filter (such as is the case with academic journals and books).

The author or the publisher of a text can also serve as an indication for their degree of authority. An assertion made by a person of standing in a particular field of study is more authoritative than one made by someone unknown. The place where the information can be found (such as in an academic journal or a quality newspaper, an academic book or a textbook) is also an indication of its authority. However, in the end the strength of the argument prevails not the authority of the person or source (see **Phase 5: Structuring the reasoning,** § 2.5).

3. Academic legal texts and other academic research

For the evaluation of a source it is also important to know what type of research it deals with (*Skill 3.3: Understanding the difference between an academic legal text and other research*). If a lawyer wants to defend a certain normative conclusion, he or she will have to find legal arguments to support this, preferably from legal sources including other academic legal sources. However, it may

CHAPTER II RESEARCH INSTRUCTION
29

In this way, you can determine the search terms that might be useful in finding your sources. You can subsequently use these terms to review textbooks on criminal law to find information on defamation offences. Additionally, you will have to search for case law and articles on defamation and perhaps make a search on the internet.

4. Commencement of the actual study of the sources

Once you have established the kind of information you are looking for, how you will search (search plan) and, upon what basis (i.e. specific terms and strategy), the actual study of the sources can commence. Be aware that simply using Google **does not** suffice. If, for example, you are searching for national case law, do not limit yourself to cases published on rechtspraak.nl or via bailii.org (or similar case-law databases), but also look at the other available sources that are accessible through the library (**For The Netherlands**: NJ, RvdW, KG; **For the UK**: WLR, All ER, AC etc.). Always start your search in the digital and paper sources accessible through the law library.

All the information found in this way should be scanned first for its potential relevance. Subsequently, it is important that you record what you have found and to what extent the information you have found is useful at a first glance *(Skill 2.6: Recording and compiling registers of sources)*, enabling you to navigate easily through the information collected at a later stage of your study (particularly in **Phase 4: Structuring the report** and **Phase 5: Structuring the reasoning**). It may be convenient to make a distinction in categories, for example (1) 'irrelevant', (2) 'may be relevant at a later stage' and (3) 'probably or quite certainly relevant'. Record the hits in the second and third category in such a way as to allow for easy retrieval. This can be done as a collection of hyperlinks or, even better, through a software programme such as RefWorks.

> » In this phase of your research, do not read everything in its entirety or in all detail. This phase is primarily about finding and listing relevant information.

Work through your research plan in this way and try to find the required sources for each sub-question. Depending on the time available and the delineation of your research topic, at a certain moment you will have to stop looking for even more sources. 'More is better' does not always apply; the study should remain feasible given the necessary constraints. Allow yourself to be guided by the question *why* you are collecting, analysing and processing certain information. Restrict yourself to information that is indispensable for the answer to the research question and the sub-questions, bearing in mind that you do not need more information than you are planning to collect. In other words, be guided by the 'principle of thrift'. After all, it is not your intention to spout as much knowledge as possible, but to provide the reader with useful and purposeful information. Undoubtedly, you will come across a lot of interesting information related to your subject that does not contribute to the answer of the sub-questions or the main research question (compare *Skill 1.4: Being aware of different selective characteristics of the research question*). Be strict and leave it aside or, at the most, place it on the shelf to have and look at it later after you have completed your study (at least a draft version!).

> » You can never be certain that you have found all the relevant information. There is always a possibility that you have overlooked a crucial source, but careful and thorough study of the sources can minimise this risk.

Libel and slander

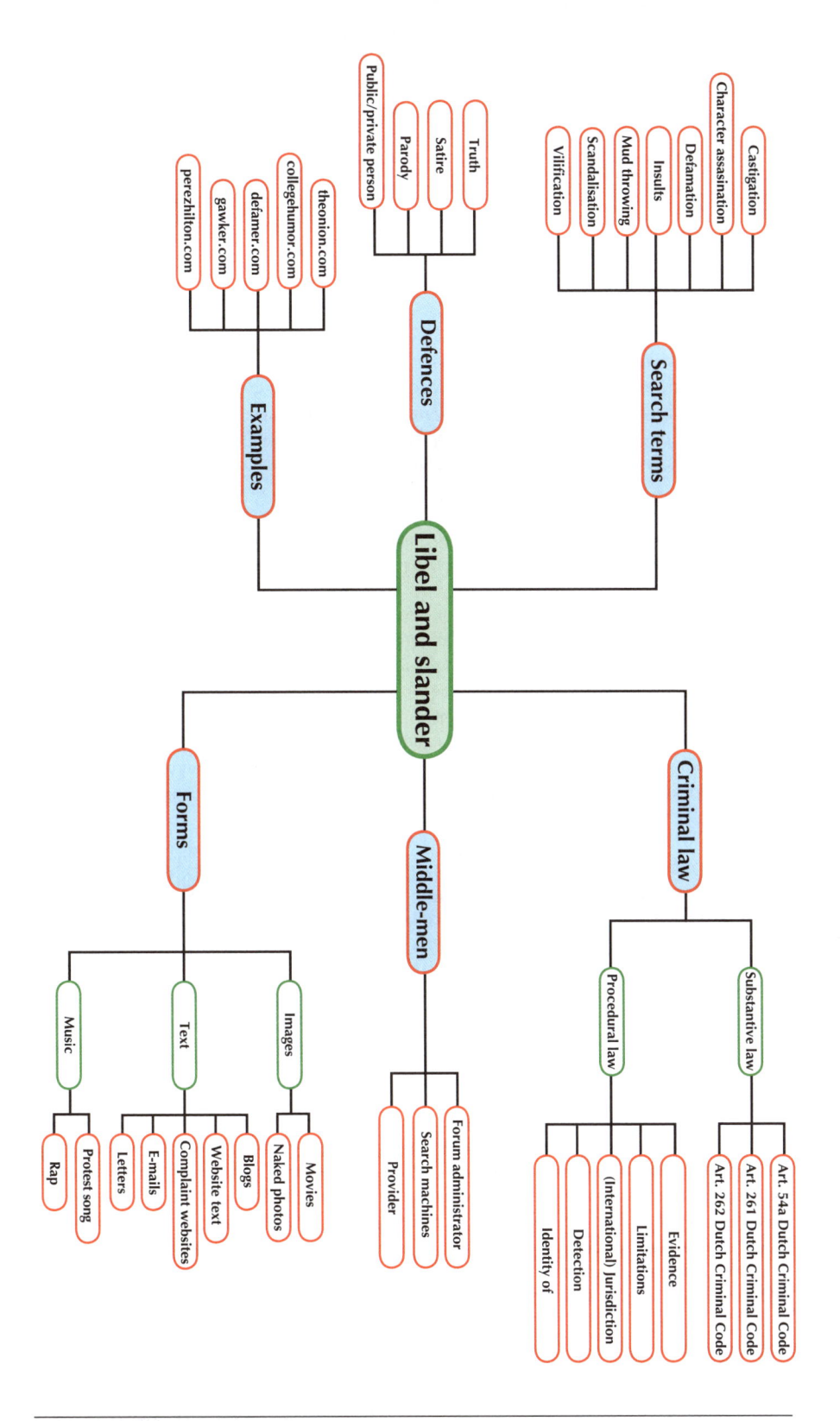

Search terms
- Castigation
- Character assasination
- Defamation
- Insults
- Mud throwing
- Scandalisation
- Vilification

Defences
- Truth
- Satire
- Parody
- Public/private person

Examples
- theonion.com
- collegehumor.com
- defamer.com
- gawker.com
- perezhilton.com

Forms
- **Images**
  - Movies
  - Naked photos
- **Text**
  - Blogs
  - Website text
  - Complaint websites
  - E-mails
  - Letters
- **Music**
  - Protest song
  - Rap

Middle-men
- Provider
- Search machines
- Forum administrator

Criminal law
- **Substantive law**
  - Art. 54a Dutch Criminal Code
  - Art. 261 Dutch Criminal Code
  - Art. 262 Dutch Criminal Code
- **Procedural law**
  - Evidence
  - (International) Jurisdiction
  - Limitations
  - Detection
  - Identity of

RESEARCH SKILLS INSTRUCTION FOR LAWYERS

3. Search plan, search terms and search strategy

Then the actual search for relevant information starts. We recommend you draw up a search plan that lays down how you are going to work (*Skill 2.2: Drawing up a search plan*). This will differ for each research project and is dependent on the information available. Is there a textbook or general article on the subject that you can use as a starting point? What sources does it refer to? Or is your project focused on a bill, so that it is advisable to start with the parliamentary proceedings? When was the case law published that you are looking for? Sometimes the information you need to answer the research question is not yet available and you will have to produce it as part of the research, for example, by conducting interviews (*Skill 2.4: If necessary, making a list with interview questions*) or by a case law analysis.

A great deal of information pertaining to academic legal research can be found by using digital (legal) databases. Such records must be searched using search terms. The establishment of the correct search terms and search strategy (*Skill 2.3: Establishing search terms and a search strategy*) is, therefore, a crucial part of this research phase. In practice it is not always easy to formulate the correct search terms; terms that are too general generate too many hits, whereas a more specific term often leads to too few search results. Furthermore, it is important that you are not satisfied too soon, even if a search term generates an acceptable number of relevant hits. Try other search terms, another entry or another database; all these steps will reduce the chance that you overlook important information (*Skill 2.5: Finding sources at different levels*).

There are many different ways in which to learn the theory and practice of searching for legal information, e.g. electronic do-it-yourself instructions and special training courses. The time invested in seriously dedicating yourself to such an instruction or training course will be more than worth your while later on. Being skilful with electronic search systems is not only indispensable during your law degree, but it will also help you in your professional career. Moreover, you will not only save time because finding the relevant sources will be easier, the quality of the sources you find (if done correctly) will also increase. Besides, there are all kinds of practical manuals and instructions available for the different kinds of sources that are worth consulting.

> » For more information on searching in legal databases, see for example J. Knowles, *Effective legal research*, London: Sweet and Maxwell 2009 and G. Holborn, *Legal research guide*, London: Butterworths LexisNexis 2001.

An example of a search plan and the search terms that go with it is as follows. Imagine your research question is: Which possibilities does the criminal law offer to combat libel and slander on the internet? (see above, **Phase 1: Preparing the Research**, §5.1). A useful technique is to draw up a so-called 'mind-map'. Using a sheet of paper, write down all concepts that can be associated with the research question, and all those that can be associated with these concepts. For example:

PHASE 2: COLLECTING THE MATERIAL

1. Introduction

The point of departure for this phase is that you have already completed **Phase 1: Preparing the research** and that you now have a clear research question and a set of corresponding sub-questions. If everything has gone according to plan, you will have already found and used a number of sources during **Phase 1**. The major part of the study of the sources, however, still has to take place. **Phase 2: Collecting the material** is, therefore, about the search for (more) information which can help to answer the research question. Practically, this means collecting, analysing and processing the relevant information, supplemented by what you already know about the subject. You should constantly ask yourself:

- *What* information you are going to collect, analyse and process?
- *Why* you are going to collect this information? and
- *How* you are going to do that?

2. Different kinds of sources

As stated above, your research question and the sub-questions should guide you with the collection of the material: what information do you need to answer the research question? If done properly, the sub-questions will lead you to a specific type of information, namely information on the features or aspects of the subject of your study, similarities, differences, causes, consequences, advantages and disadvantages, alternatives etc. Consider which sources could be useful for each sub-question and include them in the outline together with the sub-questions (*Skill 2.1: Establishing different kinds of sources*). It should be clear *what* kind of information you are going to collect, which will give you an indication of the direction you should be looking for (journals, for example, often only cover a certain fields of study; use this kind of information for your search!). For academic legal research, a distinction is to be made between four different kinds of sources.

1. International sources (conventions, European directives etc.) with any related documents, such as (international) commentaries

2. Legislation and related documents, such as preparatory materials (parliamentary proceedings), evaluations, commentaries

3. Case law

4. Literature
   i. Legal academic texts (textbooks, monographs, journals etc.)
   ii. Academic literature from other disciplines (such as social sciences, economics)
   iii. Other literature

Also bear in mind that sources have a certain hierarchical order. For a study into the meaning of a provision of a treaty, the text and explanation are of course indispensable and so is the explanation provided by the (highest) court. Literature on this treaty is, in this respect, only of secondary importance.

CHAPTER II RESEARCH INSTRUCTION

25

11. Model for a research plan

---

1. Administrative data
- Name of the researcher and/or the members of the research group
- Contact information
- Date and times of progress interviews and final interview (if already scheduled)
- Name of lecturer
- If a group assignment: Division of tasks between researchers

---

2. Field of research and subject
- Field(s) of law
- Subject

---

3. Research question
- Delineation of the subject
- Research question and definitions
- Explanation and justification of the research question
- Characterisation of the research question as a descriptive, comparative, evaluative, explanatory, design or predictive question.

---

4. Sub-questions
- Sub-questions derived from the research question
- Reference for each sub-question to the method/sources to be used for the answer
- Provisional table of contents for your report of the findings

---

5. Planning; time and data needed for:
- Collecting the data
- Processing the data (studying the sources)
- Writing a first draft
- Rewriting and completion of the report of the findings

---

6. Sources already consulted (and as yet to be consulted, as far as already known)
- Statutes, conventions/treaties and other documents
- Case law
- Books, articles from books and journals

---

7. Search strategy
- Explanation concerning strategy in finding sources
- Search terms
- List of sources consulted and search terms used

---

10. Stages of Planning

10.1 Provisional table of contents

The sub-questions can be used to make a (provisional) table of contents of your research report. Do **not** use the sub-questions as the title of a chapter or section. Use keywords or other short indications in the titles of chapters and sections that help the reader to see what the subject is and indicate the structure of your report of the findings at a single glance (*Skill 1.15: Ability to use the research question to create chapters with subsections*).

10.2 Research timetable

Of course you could say: I am only studying literature and documents, so I will only consult books and other written materials and it will take me *x* amount of time to find the required answers – but that is not the point. When you are preparing your research, you should consider the feasibility of your study thoroughly and systematically in advance. It is impossible to estimate the feasibility of your study if you fail to examine closely what you need to do to solve the research question and how much time this will take you. (*Skill 1.7: Determining whether the research question is feasible considering the restrictions*).

The first question is then which written sources (statutes and other legislative documents, case law and literature) you will be using for which sub-questions (or may have used already). Secondly, you must make an estimate of the amount of time you will need to process the written sources. This is about finding the answer, not yet about the exact and correct phraseology in your research report. How long will it take until you can gain access to old parliamentary documents? How much time will you need to find the relevant case law and analyse it? It will be clear that a rough estimate is all you can make. But if at this stage it is already clear to you that this is not attainable, it is obviously wise to limit the scope of the research question now.

You can also reverse this line of thinking. If you calculate backwards from the date when your research needs to be completed, you can estimate how much time you have left. How much time do you need to write the research plan? How much time is then remaining for the actual research? Experience has shown that most researchers spend about one third of their time on searching and finding useful material. Consider where to start first. Will you keep to the order of the sub-questions? Or is it more practical to use a different order?

10.3 Research plan

All this work will eventually culminate in a workable research plan (*Skill 1.14: Outlining the research plan/designing the research plan*). A research plan provides a clear and realistic answer to the questions **why**, **what**, **where**, **how, how much** and **when** will be researched.

CHAPTER II RESEARCH INSTRUCTION   23

9. Research methodology

Now that you have determined which question you wish to answer, along with all the necessary components of that question (i.e. your sub-questions), the next step is to determine **how** you can find an answer to the research question and the sub-questions deriving from it. Academic legal research, the object of this instruction, is often restricted to the study of literature and documents, but try to think of other methods too (see further **Phase 2: Collecting the material**). Regardless of the method you utilise, you must always justify why you have chosen the method you have ultimately chosen (*Skill 1.18: Ability to justify the selected research methods*).

Without having to immerse yourself too deeply in the methods and techniques used in social sciences research, it is possible to add an empirical component to your research. You can have very different reasons for this. You might need empirical research in order to answer your research question, e.g. how are children heard in intercountry adoption procedures? It can also be the case that you do not directly require empirical research, but that you wish to acquire a realistic impression of your subject in order to determine the relevance of your research or gain better insight into the direction of your answer, or you may wish to simply provide more life to your research. Maybe you want to find out more information about the characteristics of your subject (e.g. the age of adoptive children, from which country they are adopted etc.). Finally, empirical data can be illustrative in your academic legal research (but no more than that!).

In general, conducting empirical research makes your research more interesting to carry out and more interesting to read. However, be aware that if the use of empirical data becomes central to your research question (and thus *necessary* to answer your research question), more stringent criteria will be applied with respect to methodology and justification. Due to the fact that many legal academics and aspiring legal academics do not usually possess the skills required for conducting this sort of research, they normally rely on research already conducted by social scientists. Roughly speaking, empirical research can be divided into two main categories, namely quantitative and qualitative research. Quantitative research offers statistical insight and often provides answers to questions in terms of quantity (e.g. how many children are abducted per year from The Netherlands, what is the average prison sentence handed down for murder in The Netherlands etc.). This information can be found in many different databases, for example via the CBS (Central Statistics Netherlands). Qualitative research, on the other hand, is focussed on acquiring information about what is happening in a particular group and why. This form of research provides more in-depth information by determining the motives, opinions, desires and needs of a particular group. This form of research delves deeper into 'why' people hold the current opinions they do. Forms of qualitative research include interviews and participatory observations.

You can also conduct modest empirical research yourself by contacting an institution or experts in your given field, via the e-mail or telephone. In this way you can pose a number of questions or strike up a discussion as regards a number of issues that have arisen in your research. You could also attend a court hearing, request to tag along with a police surveillance operation, spend some time within an international organisation or go 'undercover' in the virtual world. Obviously, everything is dependent on your chosen field of research.

> » For more information about the requirements imposed on quantitative and qualitative research see, for example, E.R. Babbie, *The Basics of Social Research*, Florence, KY: Thomson Learning 2008, (5th edition forthcoming in 2011) and A. Bryman, *Social Research Methods*, New York: OUP 2004.

Type of question	Research Question	Possible sub-questions
Design	From the perspective of the best interests of the child, how should the wishes of the child be dealt with in intercountry adoption procedures?	*Problem (see evaluative)* 1. What are the legal requirements to adopt a child from abroad? 2. When and how should children be heard in adoption procedures? 3. When and how are children heard in adoption procedures? 4. What are the differences between the conclusions in answers 2 and 3? *Design* 5. Seen from the perspective of the best interests of the child, how can the law provide for more protection for the wishes of children in intercountry adoption procedures?
Predictive	Will an increase in the age limit imposed on intercountry adoption lead to fewer intercountry adoptions in The Netherlands?	*Theory* 1. What are the legal requirements for intercountry adoptions? 2. Which factors are of influence with respect to the age limits imposed in intercountry adoptions? *Testing and prediction* 3. How many children are adopted annually from abroad beginning from one year prior to the introduction of an increase in the age limits? (control measure) 4. When was the age limit increased? 5. Has the number of intercountry adoptions increase or decreased since that date? 6. Which factual factors with respect to the age limit in intercountry adoption have changed? 7. Is it likely that these factual factors will be the same in the future?

CHAPTER II RESEARCH INSTRUCTION 21

example, a chronological description will address the order of their enactment, whereas a description of the rules aimed at combating tax fraud in the European Union from general to specific may be considered for a qualitative description (*Skill 1.13: Breaking down different elements of the questions*).

8.2 Examples of possible sub-questions

Type of question	Research Question	Possible sub-questions
Descriptive	Which legal conditions are imposed when adopting a child in The Netherlands?	1. Which legal conditions are imposed with respect to the child? 2. Which legal conditions are imposed with respect to the adoptive parents? 3. Which legal conditions are imposed with respect to the biological parents?
Comparative	What are the similarities and differences in the adoption procedures for adopting a child from within The Netherlands and from abroad?	1. What are the legal requirements when adopting a child from within The Netherlands? 2. What are the legal requirements when adopting a child from abroad? 3. What are the similarities and differences?
Evaluative	Is intercountry adoption in the best interests of the child?	1. What are the legal requirements when adopting a child from abroad? 2. What does the term 'best interests of the child' mean with respect to adoption? 3. When is intercountry adoption in the best interests of the child? 4. When is intercountry adoption not in the best interests of the child?
Explanatory	Why are children heard in intercountry adoption procedures?	1. When are children heard during intercountry adoption procedures? 2. How are children heard during intercountry adoption procedures? 3. What is the aim behind these rules?

The process by which you formulate your research question such that it enables you to provide an answer to your question is called 'operationalisation'. This means that you must have a research question that can both be researched and answered. Within the socio-legal field, the process by which the research question is operationalised is a very important process (how to research and answer a question as regards the effect of certain rules in practice?), but this also plays a role in other academic legal research. Operationalisation will often come down to a better specification of your research question with relevant sub-questions (*Skill 1.9: Operationalisation of the research question*).

7. Selective characteristics of the research question

It is important to be aware that once you have formulated your (provisional) research question, it will act as the glasses through which you will conduct your further research (*Skill 1.4: Being aware of the different selective properties of the research question*). In the next phase, when you start looking for sources, this will become even clearer. Now you have to consider whether the research question actually 'covers' everything you want to study. What has fallen outside the scope of your research question? Is this correct? Your research question defines the scope of your study, so it must say what will be included, but also, in particular, what it will *not* cover. It may very well be that at a later stage your research question will prove to be too wide and that you will have to restrict it even further. There is nothing wrong with that; it is all part of carrying out academic research.

The selective nature of the research question is also important for another reason. It determines which material you need to collect and assess (see **Phase 2: Collecting the material** and **Phase 3: Assessing the material**). This will determine where and how you need to devote your time. Therefore, a good, selective research question will also save you time, since you do not have to read articles that fall outside the scope of your research question.

8. Sub-questions

8.1 Aim of sub-questions
You cannot answer a research question in one attempt; you have to approach it in stages. Depending on the type of research question, you will have to ask specific sub-questions (*Skill 1.11: (Functional) formulation of the sub-questions*).

The sub-questions form the detail of the main research question and their objective is to ensure that the research question is structured and will be answered completely. Often, a chapter or section can be devoted to a single sub-question. Sub-questions should be logically structured, not overlap, and address the main research question (*Skill 1.12: Ability to structure sub-questions logically*).

With a descriptive research question the object to be described will have to be divided up in order to map it out properly. The required logical connection between the sub-questions can be achieved by putting them in a chronological order (from early to late, from the beginning to the end), by presenting them as various the actors involved (such as creditor and debtor, suspect and victim, defending lawyer and prosecuting lawyer etc.) (see below §8.2 for an example), as different levels of the judicial hierarchy, different jurisdictional competency, different categories of rights (civil and political human rights, economic, social and political human rights), or as a qualitative series (from general to specific, from important to unimportant, from easy to difficult etc.).

So consider how you want to describe your subject. For example, a chronological description of the regulations aimed at combating tax fraud in European law will lead to different sub-questions (and a different delineation of your subject) than if you were to present a quantitative description of those rules. For

CHAPTER II RESEARCH INSTRUCTION

19

> 'From the perspective of the best interests of the child, how should the wishes of the child be dealt with in intercountry adoption procedures?'
>
> 'How should privacy-sensitive research data be handled, and what measures should be taken in order to incorporate privacy-sensitive data in a data bank which is publicly accessible?'

5.6 Predictive

A prediction says something about how something will be in the future. You are looking for possible consequences or effects. Examples of predictive questions are:

> 'Will an increase in the age limit imposed on intercountry adoption lead to fewer intercountry adoptions?'
>
> 'Do the exchange opportunities of the internet, and the impossibility of tackling these through legal action, lead to an increase in child abuse?'

First formulate a provisional research question. Experience shows that in the course of the conduct of the research it becomes clear that the first version of the research question will have to be adjusted, usually in the sense that it should be restricted. It is useful to formulate the provisional problem in the form of a 'what is' or 'what are' question. The advantage of such a question is that you can immediately see what you are looking for: characteristics, similarities, differences, causes, consequences etc.

6. Requirements for research questions

It is not easy to draft a proper research question. Yet it is crucial that this step is well-executed. After all, the study must provide an answer to the research question. A proper research question should be explicit, precise, delineated, feasible, embedded, relevant, original and functional. These requirements will be discussed in detail in **Chapter III, Assessment**.

> An example of an inaccurate research question is: 'What are the different aspects of kidney donation from a living donor?'. The term 'different aspects' is very vague. This means that it cannot serve as a focal point for your research. It remains completely unclear which 'different aspects' are meant. Should we be thinking of medical, social, ethical or legal aspects?' This calls for a choice to be made that should also be concretised further. The question could be made more concrete as follows: 'Which conditions does the Act on Organ Donation impose regarding the kidney donation by a living donor?'

> Another example: 'Is it true that the influence of EU law in The Netherlands is growing?'. This research question consists of the following parts: EU law, Dutch law, influence and growing. All these elements require further specification and this can be achieved as follows:
> - EU law: does this refer to regulations, directives, decisions and case law, or just one of these?
> - Dutch law: does this refer to statutes and/or case law, all areas of the law, some or just one, or a certain period?'
> - Influence: what kind of influence? Does it concern intended or non-intended consequences? Does it concern the direct influence of the integration of the law in new areas, or corrections or modifications? Does it concern legal practice when EU law is invoked, and if so, how does this happen: particularly by the parties or also (by virtue of their office or as a result of an interpretation in line with EU law) by the courts?
> - Growing: compared to what? From year to year, in relation with the number of domestic rules?
>
> The very broad and inaccurate research question may then be specified as follows: 'Has there been an increase in references in Supreme Court's rulings to EU case law over the last decade?'

5. Types of research questions

A research question, as stated earlier, is a concrete question, which is answered in the research report. There are different types of research questions (*Skill 1.5: Understanding the different types of research questions and having the ability to select the research question that is most suitable for your own study*). Select one type of question, namely the one which best fits the study you want to do.

5.1 Descriptive
A description states what or how something is. Such questions focus your study on relevant aspects, properties or features. However, it can also describe types, situations, parts, categories, concepts, institutions, trends, persons, developments etc. Here are some examples of descriptive questions:

> 'Which conditions are imposed on the adoption of a child in The Netherlands?'
> 'Which possibilities does the criminal law offer to combat libel and slander on the internet?'

5.2 Comparative
With a comparison you want to highlight interesting or remarkable differences and similarities between two or more things or how something is at different moments in time. Examples of comparative questions are:

> 'What are the similarities and differences in the adoption procedures for adopting a child from within The Netherlands and from abroad?'
> 'What features make identity fraud unique in comparison with existing offences related to identity fraud?'

5.3 Evaluative
With an evaluative question you provide your assessment of the value of something, how 'good' it is. You are then looking for positive and negative aspects, advantages and disadvantages or the arguments for and against. Examples of evaluative questions are:

> 'Is intercountry adoption in the best interests of the child?'
> 'Does making identify fraud punishable contribute to combating the grooming of minors on the internet?'

5.4 Explanatory
An explanation pertains to the question why things are the way they are or how it has come about that it is the way it is. You are looking for causes, sources, backgrounds, underlying reasons or motives. Examples of explanatory questions are:

> 'Why are children heard in intercountry adoption procedures?
> 'Why do internet providers exercise restraint regarding the passing on of identifying data of their subscribers to third parties?'

5.5 Design
A design question is aimed at making or designing something to improve an unwanted situation or to realise a desired situation. From a researcher's point of view, most design questions are really evaluation questions with the added twist that you evaluate something that still needs to be made or designed. Such a design can be an instrument, a set of instructions, a detailed recommendation or a software programme. An example:

CHAPTER II RESEARCH INSTRUCTION   17

» Talking

It is usually a good idea to discuss your subject with other people. By explaining why you have selected your subject, you will gain a clearer picture of which aspects of your subject particularly interest you. You can talk to 'experts', but also to housemates, family or friends.

Sometimes a problem, an ambiguity, something you do not understand, solves itself the moment you try to explain it to someone else. Sometimes you hear yourself saying things that were not so clear to you before. Keep pen and paper at hand to write down these kind of insights before they evaporate. You can also save them on your mobile phone!

» Topical questions

A more systematic method of exploring your subject can be by using 'topical' questions, namely a series of questions that enable you to map out almost any subject. An example of a list with such questions can be found below. Undoubtedly, you will be able to think of similar questions yourself. When using this list you should realise that not all questions will be relevant to all subjects.

- » What is it? What characteristics does it have?
- » Does it resemble anything? What is the opposite?
- » Who or what does it? Who or what is involved?
- » What parts can be distinguished from each other?
- » What does it belong to? What is it part of?
- » Where and when does it occur?
- » When did it start or end?
- » Where does it come from?
- » When was it created or how is it being created?
- » Where is it heading? How is it developing?
- » How does it happen? What method is used?
- » What aim does it serve? What duty does it have?
- » What are the causes or reasons?
- » What are the arguments for and against?
- » What are the consequences?
- » What are the advantages and disadvantages?
- » What measures are required?

» Reflection

Finally, plain and simple reflection. This is something you can do from behind your desk, by looking out of the window, but also during a walk or a bike ride. Some things have to 'sink in', and then, hopefully, a useful insight will present itself in due course. Once you discover that this tends to work, it can be a source of hope and confidence.

At a certain moment, you have to take the 'plunge' and start the daunting task of the formulation of the research question. You do not have to come up with the right formulation straight away; this is often a process of 'continuous development'. You will also find that the methods mentioned above can also be helpful for the formulation of your research question. Talk about it, write down your associations, look at it from different angles, it will help you to clarify **why** and **what** you want to study (in other words, help you to draft your research question).

4. From subject to research question

Once you have selected your subject, you will have to continue your explorations with the aim of formulating a research question, within the scope of the subject, which can be answered in your research report. (*Skill 1.2: Understanding the difference between having a subject and a research question*). This question is called the 'research question' or statement of the problem and it provides the focus for your research. The question should be presented in the introduction of the research report and elaborated in the sub-questions, which you will subsequently answer. Finally, in your conclusion, you will provide the answer to your research question. This does not have to be the final answer; there is nothing wrong with concluding that some things are still unclear and require more research. However, a research report that does not provide any answer to the research question is not considered good research.

The research question should state exactly **what** it is that you will be studying. A research question can also state **why** you are going to research this particular problem, although this is not always necessary (see **Chapter IV: Feedback**, §3). Why is an answer to this research question so interesting? Why do you consider it important? Something to the effect: 'we have to submit a paper for this course, and I chose this subject because I couldn't think of anything else' is obviously unsatisfactory. The research question is also a reflection of your own commitment to the research. If you set to work with a pre-assigned research question, such as the research question given in the assignment, you should ensure that you familiarise yourself with the research question and, if necessary and allowed, reformulate it. The research question should be one you are interested in and one you feel should be answered (compare § 2). That is why your own formulation of the research question is to be preferred.

How can you make the step from having a subject to formulating a research question? There is no clear-cut answer to this. There are, however, a few methods you can use (*Skill1.3: Ability to use methods to enable you to move from subject to research question*).

» **Search the internet**
Search using terms relevant for your subject. Search particularly for topicality: what are the issues, has there been a recent, interesting judicial decision, and which issues are being discussed? There may be a weblog, a forum or newsgroup devoted to your subject; subscribe to it and find out about the main topics of discussion. Keep the search, at least until you have you have defined your research question, superficial. You are still only in the exploratory phase.

» **Studying literature**
If you are unfamiliar with the subject you have chosen, you will first have to orientate yourself broadly by reading literature on your subject. Gain a broad impression: you are exploring the terrain, you are not digging yet. Keep asking yourself what you think is interesting, remarkable, surprising, absurd, ridiculous etc. What is interesting about this subject? Is there anything you want to delve into deeper? Make sure you do not read too long and too much. Make notes of what you have read to facilitate easy retrieval later on.

» **Brainstorming**
Write down, preferably on a large sheet of paper, anything that springs to mind on the subject. You can do this in the form of a 'mind map': you put your subject in the middle and you place associations around it (see **Phase 2: Collecting the material**, §3). This can lead to new ideas. Do not be too critical, but write down as much as possible. The sorting out and classification starts later.

CHAPTER II RESEARCH INSTRUCTION   15

» Many legal journals publish annual overviews of the legal developments in a given field. Such an overview can provide you with just enough information to determine your subject. In addition, recent noteworthy or groundbreaking case law from the Supreme Court can point towards novel areas to be researched. Also, think about consulting case-law journals, case annotations, newspaper articles and legislative preparatory documents.

Make notes of the search terms that you have used to search through databases and catalogues. This way you can ensure that you can retrace your steps later on.

This phase is similar to a funnel. After having found a broad, general idea, you search for material, read it (writing notes helps!), and then dissect the topic. In this way you can delineate your topic and see if you can reduce the number of possible topics you wish to research. Step-by-step you are thus able to reduce the number of possible subjects until one main subject remains.

3. Subject and delineation

Some subjects look like a bowl of spaghetti: many strings intertwined in a tangled ball. It is your task to pull out one or more threads and to describe them clearly. It may be useful to distinguish different aspects, or, even better, degrees. Some things are clearly related, others are not. You should distinguish between the things that are unconnected and examine whether you can put a name to the things that are connected and whether they are useful to you. Is one thing part of the other? Alternatively, is it an example?

A subject will usually be examined as part of a certain field of study. Legal scholars distinguish between numerous areas of the law, which usually refer to parts of the law that are subject to relatively autonomous sets of rules, e.g. national and international law, private law, criminal law, constitutional law and administrative law. Within these divisions, sub-divisions are also possible.

> Specifying your field of study is essential. It will have serious consequences for your research whether you wish to examine the concept of fraud from a private law, criminal law, administrative law or European law perspective.

The choice of the area of law will determine whether the information gathered is important. You should, therefore, make it clear from which area or sub-division of the law you want to approach your subject (*Skill 1.8: Delineating the subject*). This has consequences for the discussion of your subject. This can be mapped out by following three steps.

1. Describe in a few sentences an outline of the area of law you have selected. What does it consist of? What is the object of your research? What are the common types of subjects and questions? How do you know whether a subject or question is part of this area of the law?

2. Explain how your subject fits within this area of law. What is it about the subject that places this within the private law, the criminal law or the constitutional law domain?

3. Indicate the meaning of this perspective for the discussion of your subject: what aspects will be addressed if the subject is examined within this area of law? Moreover, just as important, which aspects will remain outside this scope as a result? If you have reason to expect that other people will consider these excluded aspects as essential, it is wise not just to say what your research is about, but also to be explicit about which aspects you will *not* be discussing.

Although, in this section, we have tried to describe how to tackle the first research phase, there are no established lines or a concrete step-by-step plan that can guarantee results. The choice of a subject and, in particular the step from subject to research question, is a subjective *and* creative process. As such, it is therefore very personal. Research preparation is a process that does not automatically culminate in a definitive research plan. More often than not you will have to amend your research plan because, for example, you have found new literature or because you have had time to critically reflect on your plan. It is very common that you will need to adjust your research question many times, rearrange your structure or provide chapters/sections with new headings etc. This is why feedback is crucial, regardless of whether it is from your lecturer, your fellow students and researchers, or even from yourself. You should constantly reflect on what you are doing, why you are doing it, how you can avoid pitfalls and what you can learn from your mistakes. You need to become aware of the process, which research phase you are currently working on, and whether your research needs to be restricted or expanded etc. Always think about the expected results or conclusions of your research. Research preparation can not only be learnt from books alone; thus you must do it yourself and learn from your own mistakes.

2. Finding a subject

When you are not provided with a list of topics, which you can research, you will have to choose a suitable topic or subject yourself. This is not as simple as it seems. There are many different sorts of research with entirely different subject areas. The entire legal apparatus is at your disposal to choose a topic. Simply have a look at the examples provided in **Chapter I: Academic legal research**. When choosing a topic, there are at least three key pointers that you should take into consideration (*Skill 1.1: Preparing the choice of a subject*).

1. Firstly, the topic should appeal to you. Choose something that you are interested in, something you want to know more about, a subject that is challenging for you, a subject where you believe you can make a contribution to the existing body of legal knowledge, a subject that you will be able to use later on during an interview in your chosen career path etc. Put simply, you need to find an interesting topic. An interesting topic will inevitably motivate you to do the work necessary to complete the task before you. This is even more important in larger research projects, such as a bachelor's dissertation. During the preparatory weeks of your research, you need to be stimulated by the research that you are doing so that in the final sprint you will be able to bring the task to completion.

2. Secondly, the subject should have potential. Research on a particular topic should eventually add something to legal academia. This can mean many different things, but in general, your research should ultimately aim to increase the general body of knowledge in academic legal research. In other words, your research is relevant to others, the conclusions are useful or practical for others and the research, therefore, increases the body of knowledge in the given field (*Skill 1.10: Having/activating the knowledge required to conduct the study*).

3. Thirdly and finally, you can never start too early with trying to find a suitable subject.

Given all of this, how do you find a subject? First, choose a field of law within which you wish to choose a subject, such as private law, criminal law, international law etc. Secondly, determine which sort of academic legal research you wish to conduct (see **Chapter I: Academic legal research**). It can also be helpful to determine if you want to examine a substantive or procedural aspect within this field of law. Subsequently, you should assess whether there have been any current developments with respect to your chosen field, for example based on a new judicial decision or legislative proposal. In order to do this, you need to have an efficient and effective search strategy for searching through material in the law library (see **Phase 2: Collecting the material**). Conduct searches using internet search engines in the law library, for example.

CHAPTER II
RESEARCH INSTRUCTION

PHASE 1: PREPARING THE RESEARCH

1. Introduction

The first phase of any research, its preparation, is also one of the most important. The metaphor: 'The first blow is half the battle' is in this sense quite apt when conducting legal research. Starting your research is possibly the most difficult aspect of the research process. Once you have done that, everything else falls into place. Prepare well in the beginning and you will reap the benefits later. Preparing research is, however, also one of the most difficult stages. During this phase, you will have to draft a research plan that will provide structure throughout your research. Since you will need to choose a subject, choose one that 'energizes' you, that interests you, that intrigues you, one you want to know more about, or that you believe could contribute to the general body of legal knowledge (see further §2).

A good research question forms the basis for all research: what is the exact object of your study and why? This is the process whereby you progress from having a subject to having a research question. The research question itself must comply with certain requirements and can take on different forms (see further §§2-6). At this stage, it is important to note that formulating a research question is not simple. Be aware of the fact that a good research question also serves to delineate a subject; as well as determining what needs to be researched, it also determines what does not need to be done, therefore saving time (see further §7). If done properly, the formulation of the research question should also lead to a number of sub-questions (see further §8). You will have to be able to describe the relevance of your research (from a social, as well as an academic) point of view. Subsequently, you will need to describe how you think you will be able to find the answer to your research question. In other words, you will need to provide a description of your methodology (see further §9). Which method(s) are you going to use to provide an answer to your research question and sub-questions?

Of course, you should not forget to observe all the necessary formal requirements. For example, what is the maximum length of the report, what other requirements must be met, when must the report be submitted, and when can you work on the report given your other commitments? Finally, it is recommended that you determine for whom you are writing and who will eventually read your report. Is this, for example, a lawyer for whom you are conducting practical-based research or is it a philosophical audience to whom you wish to present the findings of your legal-philosophical research? Obviously, the intended audience will influence the way in which you present your findings (see further **Phase 6: Reporting the research**, §6.2).

You should spend an adequate amount of time in preparing your research. You should assume that this preparatory phase will occupy at least 30% of your allotted research time. So if you have six weeks for a research project, you can easily spend two weeks on thorough preparation. If this phase is well-executed and the result is a workable research plan, the most difficult part of the study is behind you. The 'only' thing left to do then is to carry it out. So do not worry too much if you seem to be making little progress during this phase: all the exploration, all the 'floundering' should, ideally, happen here. In this phase, it can be beneficial to consult various sources, even if these sources are not so obvious at first. This approach can be helpful in providing you with new information or new approaches to your subject or aid in focussing your ideas. Always bear your ultimate goal in mind: namely, a workable research plan.

CHAPTER II
RESEARCH INSTRUCTION

Phase 4: Structuring the report

4.1 Understanding the function of an introduction
4.2 Ability to draft an introduction
4.3 Understanding the function of the main body of the text
4.4 Ability to draft the main body of the text
4.5 Understanding the function of a conclusion
4.6 Ability to draft a conclusion

Phase 5: Structuring the reasoning

5.1 Ability to link with the research question
5.2 Identifying the arguments for and against different points of view
5.3 Analysing and balancing the arguments
5.4 Structuring the arguments according to meaning and priority

Phase 6: Reporting the research

Phase 6a: Presenting the research
6.1 Understanding the influence of the audience on the form of the research report

Phase 6b: Oral presentation
6.2 Ability to use audio-visual aids (e.g. presentation software)
6.3 Useful pointers: eye contact, use of voice, gestures, attitude etc.
6.4 Practising the presentation

Phase 6c: Written presentation
6.5 *Form*: Understand the different forms of research report
6.6 *Content*: Informative, correct arguments, consistent etc.
6.7 *Style*: Correct and accurate use of language, well-written
6.8 *Lay-out*: Headings, font etc.
6.9 *Acknowledgement of sources*: Correct, accurate, no plagiarism etc.
6.10 *Reread and revise*: Re-read your own text

Phase 6d: Reflection
6.11 Reflecting on the research process and suggesting improvements for the next time

4. List of research skills

PHASE 1: PREPARING THE RESEARCH

Phase 1a: Acquaintance with the subject

1.1   Preparing the choice of a subject
1.2   Understanding the difference between having a subject and a research question
1.3   Ability to use methods that enable you to move from subject to research question
1.4   Being aware of the different selective properties of the research question
1.5   Understanding the different types of research questions and having the ability to select the research question that is most suitable for your own study
1.6   Ability to distinguish between the formulation of the research question and the research objective
1.7   Determining whether the research question is feasible considering the restrictions
1.8   Delineating the subject
1.9   Operationalisation of the research question
1.10 Having/activating the knowledge required to conduct the study

Phase 1b: Formulation of the sub-questions

1.11 (Functional) formulation of the sub-questions
1.12 Ability to structure sub-questions logically
1.13 Breaking down different elements of the questions
1.14 Outlining the research plan/designing the research plan
1.15 Ability to use the research question to create chapters with subsections

Phase 1c: Justification of the study/sources

1.16 Ability to indicate the social relevance of the research
1.17 Ability to indicate the academic relevance of the research
1.18 Ability to justify the selected research methods

PHASE 2: COLLECTING THE MATERIAL

2.1   Establishing different kinds of sources
2.2   Drawing up a search plan
2.3   Establishing search terms and a search strategy
2.4   If necessary, making a list with interview questions
2.5   Finding sources at different levels
2.6   Recording and compiling registers of sources

PHASE 3: ASSESSING THE MATERIAL

3.1   Identifying possible sources
3.2   Insight in the academic character, quality and reliability of a text
3.3   Understanding the difference between an academic legal text and other research
3.4   Ability to assess general legal sources
3.5   Ability to assess electronic legal sources

CHAPTER I ACADEMIC LEGAL RESEARCH   7

years ago. The question therefore arises how it can be that this topic has become such a hot issue. To begin to answer this question, a literature study would be the best place to start, attempting to assess changes in society that have had an impact on the law.

A third type of socio-legal research is that in the field of multi-culturalism and legal pluralism. As a result of globalisation, cultural and religious composition of the Dutch population has changed. This obviously means that the views towards certain norms and values have begun to diverge. We have come to realise that not only the Bible and Dutch law can be regarded as sources for our norms and values, but also Sharia, Jewish law etc. How do people deal with these different value systems in practice? What do lawyers and judges do when they have a case in which the value systems clash? These sorts of questions can best be answered through observations, interviews and research into case-files.

From these examples of socio-legal research, it is clear that sometimes other methods are used than those employed in legal research. In socio-legal research, social-science techniques such as interviews and observations are much more common (see **Phase I: Preparing the research**, §9 Research methodology).

3. Academic legal research skills

It is clear on the basis of this chapter that although academic legal research can be purely descriptive, it generally includes normative standpoints and descriptions of the law from the point of view of achieving a particular aim (*Skill 1.6: Ability to distinguish between the formulation of the research question and the research objective*). Regardless of how academic legal research is conducted or the aim of the research, every legal researcher must possess (and ultimately profess) good research skills. The skills necessary for an aspiring academic legal researcher will be explained in this book.

Below you will find a list of insights and research skills required to write an academic legal research report. The research process is cyclic by nature, which means that in order to make progress you often have to take two steps forward and one back. **Chapter II** of these guidelines will explain the best way to apply these skills.

It is not uncommon that the answer to a legal question is partially dependent upon the political persuasions of the researcher. Law and politics are in this respect closely intertwined.

2.4 Philosophical-legal

Legal philosophy asks philosophical questions about the law. These questions can be analytical or normative/subjective. For example:

> How can social human rights be justified?
> Why are citizens bound by legal rules?

These example questions clarify that legal philosophical research often questions the very existence of a legal rule, which meaning can be imparted to a given rule, institution, legal situation, or the direction in which a particular legal rule should develop. Philosophical-legal research also uses arguments that are not strictly legal, such as arguments borrowed from ethics, logic or the philosophy of language etc.

2.5 Historical-legal

Sometimes a researcher is not concerned with the current state of the law, but instead with how the law used to be. For example, Water Board District tests have been have been part of Dutch law for hundreds of years. An historical-legal question could be:

> How was the collection of taxes for the management of water regulated by the Water Board Districts in the 16th Century?

The aim of a legal historical research question can be to acquire legal knowledge about the historical functioning of a particular legal rule institution. However, it can also serve as a source of inspiration for solutions to current problems of legal questions. Legal historical research can provide arguments or uncover developments that can be useful in assessing current legal rules. For example, the question can be posed whether Article 1:68 Dutch Civil Code (which imposes a prohibition on the celebration of religious marriages prior to civil marriages) should be maintained:

> Why was the prohibition on religious marriages prior to civil marriages introduced?

2.6 Socio-legal

A lot of socio-legal research is characterised by the difference between the law in the books and the law in action. For example, discrimination is statutorily prohibited; many forms of discrimination even fall within the realms of the criminal law. Nonetheless, despite the fact that discrimination still occurs, few cases are ever brought before a judge. Socio-legal research could therefore be used to discover:

> Which factors influence the operation of anti-discrimination legislation?

Maybe people do not know exactly how the rules work? Maybe victims do not dare to take legal action because their job is on the line, for example? Are there enough lawyers who are specialised in this field? Why are discrimination cases not detected and prosecuted more often? These questions can all be researched using interviews and questionnaires.

Other forms of socio-legal research centre on the influence of broad, social developments on the law. There is currently plenty of attention in both legislation and policy for 'security issues'. Think about security cameras, preventative body-searching etc., The Netherlands is in fact safer now than

CHAPTER I ACADEMIC LEGAL RESEARCH   5

> Which judicial developments are evident with respect to the case law of the European
> Court of Human Rights concerning the suspect's right to remain silent in criminal cases
> and what does that mean for Dutch criminal procedural law?
> In which cases has the civil law judge reversed the burden of proof in civil summons
> procedures, and why?

The more removed the aim of research is from its relevance to practitioners, the more theoretical
the research will become.

2.2 Comparative law
Comparative law is becoming increasingly important, partially due to the globalisation of society
and the ever-increasing process of Europeanisation. Comparative legal research can seek to achieve
many different aims. Comparative law can involve an attempt to find new ideas for solving existing
legal problems in one's own jurisdiction (or another jurisdiction that has been researched). Others
elsewhere may well have similar problems and have found workable solutions. You may, therefore,
be able to learn from this. The law of another jurisdiction can thus serve as a source of inspiration for
the solution of a particular legal problem. Another aim of comparative law can be the harmonisation
or unification of the law. Within the framework of the European Union (EU), efforts are increasingly
made to bring the legislation of the various Member States in line with one another; a process known
as harmonisation or approximation. One of the major aims hereby is to ensure that within the EU
one, minimally comparable, regulatory system is operational. An example of this can be found in
regulations with respect to trade law, or laws regarding the prevention of money laundering. If these
harmonising rules are to succeed, it is essential that one first understand the various existing regulations in the various Member States, and preferably how they operate.

> How do Belgium, England and The Netherlands recognise polygamous marriages cel-
> ebrated abroad?
> Is it desirable and/or feasible to harmonise the law as regards penalty clauses in com-
> mercial contracts within the European Union?

2.3 Political-legal
It is common that legal research does not just focus on a description of the current state of the law, but
also devotes attention to the proposition of solutions for legal, political or administrative problems.

For example, because of the disastrous accidents whereby civil servants have contributed to dam-
ages that result from their action (or perhaps inaction) (think, for example, about the firework disaster
in Enschede), the question has arisen whether a governmental department, such as a municipality,
can be held criminally liable. The answer to this question has both legal and political aspects. The
legal aspects effect the question whether something is *possible*:

> Can governmental departments be held criminally liable and subsequently punished
> according to current Dutch law? If so, under what circumstances?

The opposite is also conceivable: Which legal arguments can be proffered against the criminal li-
ability of governmental departments? The political aspects in such a research project revolve around
the *desire*:

> Do the Government and Parliament desire that governmental departments can be held
> criminally liable and be subsequently punished?

subject of the research, the aim or aims of the research, the sort of research question, the audience for the research and the form in which the research will be published. In this chapter, attention will be paid to practical-based legal research. Within this spectrum, other varieties are possible, for example comparative law research (for example, if a researcher includes the legal rules of at least two jurisdictions) or legal-political research (for example, if a researcher adopts a normative standpoint with respect to the desired development of the law).

Despite the variety of legal research, good quality legal research all contain one key element, namely a sound legal reasoning, whereby the arguments are identified on the basis of an analysis of primary legal sources (conventions and treaties, statutes, case law etc.) and legally relevant secondary sources (such as parliamentary proceedings and academic legal literature). Consequently, the outcome of this well-reasoned argument contributes to the existing body of legal knowledge in a given field of law. Good legal research offers new insights, ideas, arguments and/or points of view. In this way, the research can offer solutions for existing problems, can fine-tune existing analyses of problems, theories or judicial decision or contribute to the clarification of particular debates (*Skill 1.17: Ability to indicate the academic relevance of the research*). All of this is of great importance to legal development and the functioning of the law in and for society.

In contrast to practical legal research that argues from within the state of the current law, theoretical legal research is not strictly practical since it takes an outsider's position and examines the current state of the law from the perspective of an outsider. Three main types of theoretical legal research can be distinguished: namely legal-historical research, legal-philosophical research and socio-legal research.

It is also possible for one research project to involve different sorts of research (both practical and theoretical research), as well as a combination of different sorts of practical or theoretical legal research. For example, a practical-based legal research can also involve comparative law research. Alternatively, historical-legal, socio-legal and political-legal elements can all come together in one research plan. Historical-legal research into the prohibition of religious marriages prior to civil marriages can be combined with socio-legal research into the perceptions of various religious groups that lead the research to the conclusion that the prohibition should be lifted.

2.1 Practical-based
A great deal of legal research is focused on the inventory, comparison and analysis of the current state of the law in a particular case. Such research is directly applicable in practice and aims to provide an answer to the concrete legal question that has arisen in the practical operation of the law. The answer needs to provide a legal solution to the problem posed. These sorts of questions include, which legal rule is applicable? Does a particular factual scenario fall within the statutory regulation? What does a particular rule mean in this given case? For example,

> Under what circumstances can a car driver be held liable for more than 50% of the damages caused in a traffic accident involving a cyclist?
> To what extent is the municipality of Amsterdam bound by the European Procurement Directive with respect to the purchase of 100 new trams?

Practical-based legal research can also involve a more abstract question and entail research into the analysis and meaning of a certain development in the law. Such research can serve many purposes. It can aim to determine whether a particular development is actually occurring, in which direction a particular development is progressing, what this could mean for a particular practice or situation and/or what the consequences of a particular development could be. Examples of such practical-based legal research are:

Chapter I
Academic Legal Research

1. Law and society; the variety of topics

Law mirrors all walks of life. The law does not stand alone, but is closely connected to society. In conducting academic legal research, it is therefore impossible to remove the societal field in which the research takes place completely (*Skill 1.16: Ability to indicate the social relevance*). Using the example of a traffic accident, we hope to explain the connection between the law and society, as well as illustrate the different sorts of topics that are hidden within.

> Imagine that a driver of a car does not obey a traffic signal and as a result collides with a cyclist. The cyclist is injured and the bike is damaged. Such an event can be a traumatic experience for the cyclist. The event in and of itself can have quite an impact. The cyclist could be physically injured as well as having suffered psychological damage. All of this is the result of the driver not having observed a rule of the road, a rule which the legislature has formulated to ensure orderly and safe traffic on public roads. Observation of the traffic regulations, therefore, serves the public at large. Traffic regulations in The Netherlands can be found in the *Wegenverkeerswet 1994* (Road Traffic Act 1994) and the *Reglement verkeersregels en verkeerstekens 1990* (Traffic Rules and Traffic Signs Regulations 1990).
>
> To ensure the observance of these rules, enforcement mechanisms are provided in administrative law (for example via a fine; this is regulated in The Netherlands through the payment slip sent by the *Centraal Justitieel Incassobureau* (Central Fine Collection Agency)) or via criminal law (for example via revocation of a driving licence and/or a prison sentence). In both enforcement systems a number of different topics are evident, such as the possibility to appeal a fine or the conditions under which a driving licence can be revoked.
>
> The driver has also committed a private law tort against the cyclist by virtue of his or her behaviour that forms the legal basis for the payment of damages to the cyclist. This implicates private liability law for traffic accidents. These rules have been interpreted by the Dutch Supreme Court (*Hoge Raad*). The highest court in the country has held that when a driver collides with an adult cyclist, who is to be regarded as a vulnerable participant on the road, the driver must pay at least 50% of the total amount of the damages to the cyclist.
>
> Which conditions, enforcement regimes and liabilities are applicable depends on the given factual situation. Does the accident involve pedestrians, cyclists or drivers? Who is doing what when the accident happens? What are the consequences? Etc.

This hopefully illustrates that academic legal research can involve a huge variety of subjects. Every societal issue has a corresponding legal component.

2. Different types of academic legal research

It is important to note that there are different sorts of academic legal research. A distinction can be drawn between practical legal research and theoretical legal research. The exact boundaries of 'legal' research are not easy to define. In general, legal research aims to contribute to the body of knowledge base with respect to the current state of the law. Furthermore, there are many different types of legal research. A number of different factors determine these different types of research: the

CHAPTER I
ACADEMIC LEGAL RESEARCH

5. Reasoning (phase 5)   58
   5.1   Logical   58
   5.2   Verifiable   59
   5.3   Valid   59
   5.4   Reliable   59
   5.5   Adequate   59
6. Style (phase 6)   59
   6.1   Objectivity   59
   6.2   Precision   59
   6.3   Logic   59
   6.4   Carefulness   60
   6.5   Clarity   60
7. Appearance (phase 6)   60

CHAPTER IV: FEEDBACK   61

1. Importance of feedback   63
2. Differences between a bachelor and a masters dissertation   63
3. Requirements with respect to the research question   64
4. Requirements with respect to content-related knowledge   65
5. Requirements with respect to independence   65
6. Standard assessment form   66
7. Extensive assessment form   67

Phase 4: Structuring the report   33
1. The structure of the research report   33
2. Introduction   33
    2.1   'Why': reason and context   33
    2.2   'What': research question and sub-questions   33
    2.3   'How': methodology and structure   34
3. Main body of the text   35
4. Conclusion   36

Phase 5: Structuring the reasoning   37
1. Introduction   37
2. Analysis of the arguments   37
    2.1   Sufficient reasoning   38
    2.2   Relevant reasoning   38
    2.3   Convincing reasoning   38
    2.4   Logic fallacies   39
    2.5   Arguments based on authority   39
3. Structure of the arguments   40
4. Your own contribution and information from others   41

Phase 6: Reporting the research   42
1. Introduction   42
2. Audience characteristics   42
3. Oral presentations   43
4. Written presentations   44
    4.1. Introduction   44
    4.2. Content   44
    4.3. Appearance and layout   45
    4.4. Language and style   46
    4.5. Re-read and revise   48
5. Acknowledgement of sources   49
    5.1. Why do sources need to be acknowledged?   49
    5.2   Paraphrasing   49
    5.3   Summarising   49
    5.4   Citing   49
    5.5   Method of aknowledging the sources   50
    5.6   Bibliography   51
6. Plagiarism   51
7. Self-reflection   52

CHAPTER III: ASSESSMENT   53

1. Introduction   55
2. Research question (phase 1)   55
    2.1   Explicitness   55
    2.2   Precision   55
    2.3   Delineation   56
    2.4   Feasibility   56
    2.5   Embeddedness   56
    2.6   Relevance and originality   56
    2.7   Functionality   57
3. Content (phase 3)   57
4. Structure (phase 4)   57
    4.1   Introduction   58
    4.2   Main body of the text   58
    4.3   Conclusion   58

TABLE OF CONTENTS

Preface	V
User's guide	VII

CHAPTER I: ACADEMIC LEGAL RESEARCH — 1

1. Law and society; the variety of topics	3
2. Different types of academic legal research	3
2.1 Practical-based	4
2.2 Comparative law	5
2.3 Political-legal	5
2.4 Philosophical-legal	6
2.5 Historical-legal	6
2.6 Socio-legal	6
3. Academic legal research skills	7
4. List of research skills	8

CHAPTER II: RESEARCH INSTRUCTION — 11

Phase 1: Preparing the research — 13

1. Introduction	13
2. Finding a subject	14
3. Subject and delineation	15
4. From subject to research question	16
5. Types of research questions	18
5.1 Descriptive	18
5.2 Comparative	18
5.3 Evaluative	18
5.4 Explanatory	18
5.5 Design	18
5.6 Predictive	19
6. Requirements for research questions	19
7. Selective properties of research questions	20
8. Sub-questions	20
8.1 Aim of the sub-questions	20
8.2 Examples of possible sub-questions	21
9. Research methodology	23
10. Stages of planning	24
10.1 Provisional table of contents	24
10.2 Research timetable	24
10.3 Research plan	24
11. Model for a research plan	25

Phase 2: Collecting the material — 26

1. Introduction	26
2. Different kinds of sources	26
3. Search plan, search terms and search strategy	27
4. Commencement of the actual study of the sources	29

Phase 3: Assessing the material — 30

1. Selection of useful sources	30
2. Authority of the sources	30
3. Academic legal texts and other academic research	30
4. General reading advice	31

the instruction throughout their teaching (both in terms of explanation, as well as in terms of feedback), students appear to use the guidelines more frequently.

The possibilities given above are simply suggestions. We are extremely interested in information with regard to the experiences of students and lecturers who use this book. Should you discover an inventive way of utilising the instruction or have suggestions for improvement, please do not hesitate to contact one of the authors.

Enjoy reading and writing!

User's guide

Aim

The aim of this research skills instruction is to provide a guide for those undertaking academic legal research. As such, a summary has been provided of all the skills required to write an academic research report. The form of the research report has not been further specified, thus ensuring that the instruction can be used for a cross-section of written reports during the legal bachelor degree, up to and including the finalisation of the masters dissertation. This does, however, mean that for certain research projects, certain sections of this instruction will not be as useful as other sections. For example, when writing a case annotation **Phase 1: Preparing the research** will virtually never be used, although **Phase 4: Structuring the report**, **Phase 5: Structuring the reasoning** and **Phase 6: Reporting the research** will no doubt provide useful guidance.

Structure of the book

Research is not a linear process. Still, different phases of research can be identified, even if in practice these phases are often difficult to distinguish from one another. Furthermore, it is very often the case that a researcher will be required to return to a previous phase in the research process. Describing such a research cycle is thus very difficult. For this reason, we have tried to ensure that the different research phases are easily identifiable. Moreover, the instruction provides examples, tips, hints and flowcharts to help the aspiring researcher. In this way, the researcher will be able to find the research phase relevant for his or her current issue, and also return to previous phases in this cyclic process.

The book is divided into four chapters. **Chapter I** contains information about the different sorts of academic legal research, as well as a list of all the research skills necessary to write an academic legal research report. **Chapter II** contains the core of the book, namely the instruction itself. This chapter is divided into six phases. To aid easy identification, each phase has its own colour which is used throughout the book.

Phase 1	Preparing the research	Red
Phase 2	Collecting the material	Blue
Phase 3	Assessing the material	Purple
Phase 4	Structuring the report	Green
Phase 5	Structuring the reasoning	Orange
Phase 6	Reporting the research	Pink

The criteria upon which the research will be assessed are contained in **Chapter III.** By virtue of cross-referencing throughout the instruction, the assessment criteria have been linked to the instruction, where appropriate. **Chapter IV** contains two examples of possible feedback forms. The different phases and skills, the research process and assessment are also summarised in diagramatic form on the inside cover of this book.

Use of the book

The main aim of this instruction book is to offer guidance to students writing a research report. This instruction can, however, also be applied in various ways by lecturers as they teach substantive, as well as methodological legal courses. The instruction can, for example, act as a guide for the recognition and assessment of research questions and sub-questions by students. Other possibilities include:

- After studying an article, students could be directed to use the instruction to decipher the research question and sub-questions.
- Students could peer-review a fellow student's research using the feedback forms and assessment guidelines in this book.
- Students could use the instruction to practice writing research questions and sub-questions without further proceeding to conduct the research.
- The instruction could also be used by lecturers to provide directed feedback on research conducted by students.

From the evaluation of the draft version of the instruction, it would appear that students benefit more from the instruction if lecturers **actively** use the instruction in their teaching. If lecturers regularly refer to

Preface

Whilst writing their bachelor dissertation, many students have problems with the formulation of a research question, and the planning and execution of a research plan, in addition to the writing of the research report itself. It is for this reason that the Utrecht School of Law commissioned a 'Research Skills Project Group', under the leadership of Dr. Ian Curry-Sumner, to work on possible improvements. The aim of the project group was to identify the critical issues and problems in the teaching and application of legal research skills that a law degree requires. The project group rapidly reached the conclusion that a set of guidelines for conducting academic legal research that could be used in all bachelor courses throughout the law degree would be the most desirable course of action. This book is the result of that process.

The interdisciplinary project group relied on the support of the Utrecht Institute for Teaching Training, Educational Development and Study Skills (IVLOS). This support provided the requisite theoretical background for a project of this nature. The research instruction is also the product of discussion with many lecturers (as well as conversations that took place in the workshops during the yearly Teaching Symposium in 2010) and students throughout the length of breadth of the Utrecht School of Law.

The instruction itself has been written using the extensive experience of lecturers and the diverse research instructions currently in use throughout the School of Law. Moreover, the discussions with lecturers and students, evaluations and workshops have all led to the fine-tuning necessary to ensure that the research instruction is suitable for all fields of law within the bachelor degree. Students also used draft versions of the research instruction, and their feedback proved essential in the finalisation stages. In this respect a special word of thanks goes to the students of the course *Comparative Human Rights* (2008-2009) and the bachelor dissertation (2008-2009). The students from these courses have provided the project group with extensive feedback on earlier versions.

This instruction book has been written by Dr. Ian Curry-Sumner (Private Law), Prof. François Kristen (Criminal Law), Dr. Tina van der Linden-Smith (Legal Theory) and Dr. Jet Tigchelaar (Legal Theory). Dr. Aletta Blomberg (Constitutional and Administrative Law) and Dr. Arie Trouwborst (International and European Law) were also involved in this project at an earlier stage. Alongside the authors three different student assistants have helped with this final product, namely Tom Booms, Femke Dijkgraaf and Elbert de Jong.

Finally, the authors would like to express their thanks to Dr. Hans Sonneveldt (IVLOS), Marian Joseph (Director of Education, Utrecht School of Law) and Prof. Ige Dekker (Head of the Utrecht School of Law) for their support and assistance with this project. Furthermore, Dr. Ian Curry-Sumner would like to express his special thanks for the inspiration and information provided by the participants and leaders of the 9th Academic Leadership Training Course by the Utrecht Centre for Excellence in University Teaching (CEUT). The authors would also like to note their appreciation for the work and effort of Nicolette Schuurman, Janine van Winden and Manon Heinsman (Ars Aequi Libri). We hope that students and lecturers alike will benefit from this general, yet detailed, instruction in research skills for lawyers.

Utrecht
July 2010

RESEARCH SKILLS
INSTRUCTION FOR LAWYERS

Ian Curry-Sumner
François Kristen
Tina van der Linden-Smith
Jet Tigchelaar

School of Law
Utrecht University

Nijmegen
July 2010

ISBN 978-90-6916-704-6
NUR 824

© 2010 Ars Aequi Libri, Nijmegen.

All rights reserved. No part of this publication may be reproduced, stored in a retrieval system, or transmitted, in any form or by any means, electronic, mechanical, photocopying, recording or otherwise, without the prior written permission of Ars Aequi Libri.

Although this publication was produced with great care, Ars Aequi Libri and the editors disclaim any responsibility for the content.

Coverdesign: Manon Heinsman, Nijmegen
Design: Nicolette Schuurman, Nijmegen

Research Skills
Instruction for Lawyers